NUDELN
MAL ANDERS

NUDELN
MAL ANDERS

Caroline Bretherton

INHALT

NUDELN
NEU GEDACHT

WARUM ALTERNATIVE NUDELSORTEN VERWENDEN?

Alternativen zu klassischen Nudeln bringen eine Vielzahl an spannenden Konsistenzen und köstlichen Aromen in unsere Küche. Nicht zu vergessen die gesundheitlichen Vorteile von Low-Carb- und glutenfreier Ernährung.

ENTDECKEN SIE NEUE AROMEN & KONSISTENZEN

Außergewöhnliche Zutaten verleihen Nudelgerichten eine neue Vielfalt an Konsistenzen und Aromen; die Bandbreite reicht von knackigen Nudeln aus Gemüse bis zu erdigen Nudeln aus Hülsenfrüchten. Weniger bekannte Nudelsorten aus Asien, wie etwa knackige Kelp-Nudeln oder weiche Shirataki-Nudeln, sorgen ebenfalls für neue Geschmacks-erlebnisse. Die Rezepte in diesem Buch stellen die Besonderheiten von alternativen Nudelsorten vor. Dabei werden der spezielle Geschmack und die jeweilige Konsistenz durch die Kombination mit ausgewählten Saucen und sorgfältig kombinierten Zutaten hervorgehoben.

ESSEN SIE WENIGER KOHLENHYDRATE

Vielleicht gehören auch Sie zu den Menschen, die den Verzehr von Kohlenhydraten reduzieren wollen, aber trotzdem Lust auf einen Teller Nudeln haben. Viele alternative Nudelsorten sorgen für dasselbe Glücksgefühl beim Genuss Ihrer Lieblingsgerichte, liefern aber weniger oder gar keine Kohlenhydrate. Verwandeln Sie doch mal frisches Gemüse in lange Bandnudeln oder genießen Sie Nudeln, die aus Süßkartoffeln, Reis oder Mungobohnen gemacht sind – das sind ideale Möglichkeiten, weniger Kohlen-hydrate zu sich zu nehmen. Die leichten Alternativen sind genauso lecker und beglückend. So können Sie guten Gewissens Ihre Lieblingsgerichte genießen!

ESSEN SIE MEHR WERTVOLLE NAHRUNGSMITTEL

Im Vergleich mit ihren weizenbasierten Gegen-stücken schneiden viele alternative Nudelsorten mit einem deutlich höheren Gehalt an Proteinen, Ballast- und Nährstoffen ab. Nudeln aus Hülsen-früchten, beispielsweise aus Linsen oder Bohnen, enthalten etwa doppelt so viel Eiweiß wie herkömm-liche Nudeln und sogar dreimal so viel Ballaststoffe. Nudeln aus anderen Getreidesorten haben oft eine höhere Nährstoffdichte als Nudeln aus Hartweizen, und knackige Nudeln aus frischem, rohem Gemüse stecken randvoll mit einer Vielzahl an essenziellen Vitaminen und Mineralien.

ESSEN SIE GLUTENFREI

Nachdem immer mehr Menschen versuchen, auf glutenhaltige Nahrungsmittel zu verzichten, haben die Hersteller von gesunden Lebensmitteln mit einem großen Angebot an glutenfreien Lebensmitteln reagiert. Dazu gehören unter anderem glutenfreie Nudeln und glutenfreies Mehl, aus dem Sie selbst Nudelteig herstellen können. Die Rezepte in diesem Buch zeigen Ihnen, wie Sie diese Produkte am besten verwenden. Wir stellen acht Nudelteige vor, davon sieben glutenfreie, sowie zahlreiche köstliche Gerichte mit verschiedenen glutenfreien Nudelsorten, die Sie kaufen können.

DIE NUDEL-OPTIONEN

Die alternativen Nudeln in diesem Buch sind so bunt und vielfältig wie die Zutaten, aus denen sie gemacht werden. Sie nehmen traditionelle Nudelformen auf, haben aber einen ganz eigenen Geschmack und eine spezielle Konsistenz.

NUDELN AUS ALTERNATIVEM GETREIDE & AUS NÜSSEN

Es gibt eine Vielzahl von Nudeln aus anderen Getreidesorten – darunter viele glutenfreie Sorten –, die neue Geschmackserlebnisse auf den Teller bringen. Einige (Pseudo-)Getreide, wie Buchweizen und Roggen, ergeben eher grobe, rustikale Nudeln, andere Sorten, wie Reis und Quinoa, bringen zartere, feinere Nudeln hervor. Mehl aus Getreide kann – für mehr Geschmack und Biss – mit Nussmehl wie Mandel- oder Kastanienmehl gemischt werden. Halten Sie im Bioladen Ausschau nach Fertigprodukten; Sie werden viele Sorten in den typisch italienischen Formen entdecken, die aber aus einer Mischung anderer Mehlsorten bestehen, beispielsweise aus Maismehl und Quinoa. Asienläden sind auch eine gute Quelle für alternative Nudelsorten, beispielsweise aus Buchweizen und Reis.

NUDELN AUS HÜLSENFRÜCHTEN

Mehl aus getrockneten Bohnen, Erbsen, Kichererbsen oder Linsen kann eine aromatische und nährstoffreiche Basis für selbst gemachten Nudelteig sein, weil all die gesunden und köstlichen Qualitäten der Hülsenfrüchte in das Nudelgericht mit eingehen. Es gibt inzwischen in Bioläden eine große Auswahl an Nudeln aus Hülsenfrüchten; diese getrockneten Produkte bestehen oft nur aus einer Zutat – zum Beispiel aus Mehl von schwarzen Bohnen – und sie schmecken wie die Hülsenfrucht, aus der sie gemacht sind.

IN WASSER EINGELEGTE NUDELN

Zwei spezielle Nudelsorten bekommt man in Plastik eingeschweißt in Flüssigkeit schwimmend: Kelp-Nudeln (die aus Meeresalgen bestehen) und Shirataki-Nudeln (die aus der Stärke der Konjakwurzel hergestellt werden). Beide Sorten werden in der japanischen Küche verwendet und schmecken eher neutral, weswegen sie perfekt geeignet sind, um scharfe Saucen aufzunehmen. Da sie glutenfrei sind und fast keine Kohlenhydrate enthalten, erfreuen sich diese Sorten seit einigen Jahren wachsender Beliebtheit. Man bekommt Shirataki-Nudeln in gut sortierten Supermärkten oder im Asienladen, Kelp-Nudeln sind im Internethandel erhältlich.

GEMÜSENUDELN

Frisches Gemüse wie Zucchini und gelber Kürbis sind gesunde Nudelalternativen – sie sind zart und behalten dennoch ihre Form beim Kochen, außerdem sind sie mild im Geschmack, sodass die Sauce und andere Zutaten gut zur Geltung kommen. Viele geschmacksintensive Gemüse wie Rote Bete, Butternusskürbis, Möhren und Süßkartoffeln können ebenfalls Nudeln ersetzen und verleihen dem fertigen Gericht spannende Farben. Es gibt einige Zubereitungsmethoden, mit denen Gemüse in schöne Bandnudeln, lange Spiralen oder lasagne-ähnliche Blätter verwandelt werden kann.

NUDELN AUS GETREIDE

Viele Nudeln in diesem Buch bestehen aus Mehl von alten oder seltenen Getreidesorten. Die meisten sind glutenfrei, und alle schenken dem fertigen Nudelgericht ihren unverwechselbaren Geschmack, ihre Konsistenz und ihre vielfältigen Nährstoffe.

BUCHWEIZEN

Dieses glutenfreie Pseudogetreide wird zu einem dunklen Mehl vermahlen, das einen intensiven und unverwechselbaren Geschmack hat. Sie können selbst Nudelteig aus Buchweizenmehl herstellen oder fertige Buchweizennudeln kaufen. Ob Sie damit italienisch oder asiatisch kochen möchten, liegt bei Ihnen. In jedem Fall sorgt Buchweizen für eine dichte und nussige Nudel, zu der am besten leichte Saucen passen. Im Asienladen gibt es Soba-Nudeln aus 100 Prozent Buchweizen, sie liefern die meisten Nährstoffe und den intensivsten Geschmack.

MAIS

Ganze Maiskörner werden zu einem süßlichen und wunderbar wohlschmeckenden Mehl vemahlen, aus dem man feinen Nudelteig machen kann. Maismehl ist auch Zutat in vielen glutenfreien Nudeln, die man im Bioladen kaufen kann, oft als Teil einer Getreidemischung, beispielsweise mit Quinoa. Die häufigsten Formen sind Orzo, Hörnchen und Muscheln.

EINKORN

Diese uralte Weizensorte enthält viel Protein, Fettsäuren und andere essenzielle Nährstoffe. Obwohl es Gluten enthält, scheint Einkorn für Menschen mit Glutenunverträglichkeit besser verdaulich zu sein als moderne Weizensorten. Einkornnudeln gibt es in verschiedenen Formen im Bioladen zu kaufen, und der leicht süßliche und nussige Geschmack passt perfekt zu vielen Zubereitungen.

HIRSE

Vollkornhirse hat einen feinen Geschmack und ergibt ein wunderbar mildes Mehl. Das cremefarbene, glutenfreie Getreide ist ein gut verdaulicher Lieferant für Ballaststoffe, Protein, Aminosäuren und andere Nährstoffe. Ob Sie gekaufte Hirsenudeln aus dem Bioladen verwenden oder selbst Lasagneplatten aus Hirsemehl herstellen – der milde Geschmack hebt das Aroma der anderen Zutaten hervor. Halten Sie auch Ausschau nach Hirsespaghetti oder Hirse-Reis-Spiralen.

HAFER

Die dezent süßlichen und glutenfreien Haferflocken können zu einem herzhaften Mehl gemahlen werden, das eine gute Quelle für Ballaststoffe und Protein ist. Außerdem hilft Hafer, die Cholesterinwerte zu senken und ist wichtig für ein gesundes Herz. Am ehesten bekommen Sie Hafernudeln – meist bestehen sie aus einer Mischung von Weizenmehl und Hafermehl – im Asienladen oder im Internethandel.

QUINOA

Dieses nährstoffreiche Pseudogetreide ist eine gute Quelle für Folsäure, Magnesium, Eisen und Protein. Quinoa (botanisch ein Samen) ist eine Zutat in vielen glutenfreien Nudelsorten. Es passt gut zu herzhaften Gerichten und zu einer Reihe von aromatischen Kräutern und Gewürzen. Häufig wird Quinoa mit anderen Getreidesorten oder Hülsenfrüchten gemischt und so zu glutenfreien Nudeln verarbeitet.

REIS

Das vielseitige Korn wird zur Herstellung von einer großen Palette getrockneter Nudelsorten und -formen verwendet. Dazu zählen glutenfreie italienische Formen wie Penne und Cannelloni, aber auch traditionelle asiatische Nudeln wie Vermicelli und andere lange, dünne Sorten. Reismehl ist auch eine Hauptzutat in vielen Rezepten für glutenfreien Nudelteig; sein milder Geschmack und seine leichte Konsistenz bilden ein Gegenstück zu anderen, intensiv schmeckenden Mehlen.

ROGGEN

Dieses Mitglied der Süßgräserfamilie ist eine gute Quelle für Ballaststoffe und Protein. In seiner robusten Konsistenz und dem kräftigen Geschmack ähnelt er dem Vollkornweizen, hat aber eine ausgeprägtere säuerliche Note. Roggennudeln passen hervorragend zu allen Gerichten mit viel Gemüse. Roggennudeln in italienischen Formen bekommt man im Internethandel sowie in Bioläden, meist als Spiralen oder Trompeten.

SORGHUM

Sorghum ist eine Hirsesorte. Das Getreide ist glutenfrei und hat einen dezenten, milden und süßen Geschmack sowie eine festere Konsistenz. Sorghum ist ein guter Lieferant für Protein und Eisen. Nudelteig aus Sorghummehl ist eine wunderbare Bereicherung der Palette von glutenfreien Nudelalternativen. Kombinieren Sie selbst gemachten Sorghumnudelteig mit kräftigen Aromen.

DINKEL

Ein alter Verwandter vom Hartweizen. Dinkel, der Gluten enthält, wurde nicht durch Hybridzüchtung verändert, darum ist er leichter verdaulich als moderne Weizenformen. Er ist eine gute Quelle für Protein und Ballaststoffe, und seine etwas dichte, feste Konsistenz sowie sein nussiger Geschmack passen besonders gut zu italienischen Gerichten. Dinkelnudeln gibt es in vielen traditionellen Formen im Bioladen und in gut sortierten Supermärkten. Sie können aus Dinkelmehl auch selbst Teig machen.

NUDELN AUS HÜLSENFRÜCHTEN

*Der Geschmack von Nudeln aus Mehl von Hülsenfrüchten variiert
von mild bis kräftig, aber alle Produkte enthalten viel gesundes Protein
und sorgen für spannende Konsistenzen in Ihrer Küche.*

SCHWARZE BOHNEN

Diese glutenfreie, dunkle Pasta wird meist ausschließlich aus schwarzen Bohnen gemacht und schmeckt unverwechselbar und erdig. Sie passt gut zu Gerichten aus dem Südwesten der USA und Mexiko. Wie die Bohnen, aus denen sie hergestellt werden, enthalten auch die Nudeln reichlich Ballaststoffe, Eisen und Magnesium. Achten Sie bei gekauften Produkten darauf, sie nicht zu lange zu kochen, sie werden schnell körnig oder breiig.

KICHERERBSEN

Mehl aus fein gemahlenen Kichererbsen enthält viel Protein, wenig Kohlenhydrate und ist glutenfrei. Wenn man es mit Bindemitteln wie Xanthan (erhältlich im Internethandel) und Tapiokastärke (im Bioladen) mischt, kann es zu einem vielseitigen und milden Nudelteig verarbeitet werden. Nudeln aus Kichererbsenmehl schmecken leicht nussig und erinnern von der Konsistenz an Vollkornnudeln.

EDAMAMEBOHNEN

Nudeln aus Edamame (Sojabohnen) enthalten große Mengen pflanzliches Eiweiß und Ballaststoffe. Die meisten Sorten, die man kaufen kann, sind vegan und glutenfrei. Diese nahrhaften, köstlichen Nudeln passen mit ihrem milden Geschmack perfekt zu allen Gerichten, die sonst mit italienischen Spaghetti zubereitet werden.

LINSEN

Rote und grüne Linsen sind etwas pfeffrig im Geschmack und ergeben feste Nudeln, die von der Konsistenz nahe an herkömmliche Sorten herankommen. Nudeln aus Linsen sind glutenfrei und enthalten viel Protein, das lange satt macht. Am besten passen Nudeln aus Linsen zu Gerichten mit intensiven Aromen. Gekaufte Linsennudeln sind manchmal gemischt mit Quinoa oder Reis, oft gibt es sie als Spiralen oder Penne.

MUNGOBOHNEN

Mungobohnen werden zur Herstellung von Glasnudeln (auch Zellophannudeln genannt) vermahlen. Die glutenfreien Nudeln aus diesen Bohnen sind gekocht glasig und etwas glitschig – ideal für asiatische Gerichte. Sie sind zwar nicht sehr nährstoffreich, eignen sich aber generell für die Ernährung bei Unverträglichkeiten. Glasnudeln gibt es in vielen Sorten im Asienregal im Supermarkt.

NUDELN AUS NÜSSEN

Gemahlene Mandeln und Kastanien können mit anderen Mehlsorten gemischt werden, um Vielfalt und komplexe Aromen in Ihre selbst gemachten Nudelteige zu bringen.

MANDELN

Blanchierte Mandeln ergeben ein besonders feines Mehl, das sich ideal eignet, um glutenfrei und kohlenhydratarm zu kochen und backen. Mischt man Mandelmehl mit einem Bindemittel, bekommt man einen süßlichen Nudelteig von zarter Konsistenz. Besonders köstlich schmeckt er in Kombination mit üppigem Fleischragout.

KASTANIEN

Glutenfreies Kastanienmehl, das aus getrockneten Esskastanien hergestellt wird, verleiht selbst gemachten Nudelteigen eine dezente Süße und zugleich erdige Nussigkeit. Da es kein Gluten enthält, muss es mit anderen Mehlen oder Bindemitteln gemischt werden, damit daraus dichte, weiche Nudeln werden können, die bestens zu Frühlingsgemüse passen.

IN WASSER EINGELEGTE NUDELN

Diese asiatischen Nudeln werden in Wasser eingelegt und in Plastik eingeschweißt verkauft. Erhältlich sind sie in gut sortierten Supermärkten, im Asienladen und im Internethandel. Beide Sorten enthalten keine Kohlenhydrate und nur sehr wenig Kalorien.

SHIRATAKI-NUDELN

Die meisten Shirataki-Nudeln werden nur aus der Stärke der Konjakwurzel und Wasser gemacht, manche Sorten enthalten auch Tofu. Sie haben eine besondere, etwas glitschige Konsistenz mit einem leichten Biss. Man bekommt sie in verschiedenen Breiten. Sie haben kaum Aroma und nehmen gut den Geschmack der Sauce an, in der sie gekocht werden. Gießen Sie die – manchmal fischig riechende – Einlegeflüssigkeit weg und spülen Sie die Nudeln vor der Verwendung gründlich ab.

KELP-NUDELN

Diese durchsichtigen, dünnen Nudeln werden aus Meeresalgen hergestellt. Sie haben wenig Eigengeschmack und bringen die Aromen der anderen Zutaten in vielen asiatischen Gerichten in den Vordergrund. Wenn man sie kauft, sind Kelp-Nudeln knackig, aber in den meisten Zubereitungen werden sie weich, denn oft müssen sie gekocht werden. Gießen Sie die salzige Einlegeflüssigkeit weg und spülen Sie die Nudeln gründlich ab, bevor Sie sie weiterverwenden.

GEMÜSENUDELN

Gemüsenudeln sind eine gesunde Wahl sowohl für kalte Salate als auch für warme Nudelgerichte. Alle Gemüsesorten, die nicht zu weich sind oder zu viel Flüssigkeit enthalten, können die Basis für eine leckere und nahrhafte Mahlzeit sein.

ROTE BETE

Rote Bete bekommt man heute in verschiedenen Farben – rot, goldgelb, weiß und sogar gestreift. Alle Sorten veredeln Ihre Gerichte mit etwas Süße und erdigen Aromen. Rote Bete wirkt antioxidativ und antientzündlich; die Knollen gehören zu den gesündesten Gemüsen, aus denen man Nudeln machen kann. Kaufen Sie mittelgroße, glatte und feste Knollen, damit werden die Nudeln perfekt. Sie sollten beim Schälen und Vorbereiten Einmalhandschuhe tragen, denn Rote Bete färbt stark.

BUTTERNUSSKÜRBIS

Dieser reichhaltige Kürbis mit orangefarbenem Fruchtfleisch enthält viele Vitamine, vor allem Vitamin A und C. Gekocht hat er einen süßlichen, milden Geschmack und eine eher weiche Konsistenz – ideal für ein deftiges Nudelgericht. Das obere, schmale Ende vom Kürbis eignet sich am besten zum Formen von Nudelspiralen oder dicken Lasagneplatten (die untere, runde Hälfte können Sie für ein anderes Gericht verwenden).

MÖHREN

Aus diesem Wurzelgemüse lassen sich feste Bandnudeln herstellen, die sowohl roh als auch gekocht gut schmecken. Möhren enthalten besonders viel Vitamin A, ein Antioxidanz, das die Zellen schützt sowie für gesunde Haut und Augen sorgt. Um perfekte Spiralen zu erhalten, schälen Sie die Möhren und schneiden Sie das schmale Ende ab. Kaufen Sie möglichst gerade, dicke und lange Möhren. Besonders dekorativ wird Ihr Gericht, wenn Sie verschiedenfarbige Sorten verwenden.

GURKEN

Frische Gurken lassen sich in wunderbare Nudeln schneiden, die man am besten roh genießt. Wegen ihres hohen Wassergehaltes sollte man die Gurkennudeln sofort nach dem Schneiden trocken tupfen. Sie können sie auch salzen und dann abtropfen lassen, dadurch tritt viel Flüssigkeit aus und der Geschmack wird intensiver. Zum Vorbereiten schneiden Sie beide Enden ab, lassen die Schale aber dran, dann behalten die Nudeln besser ihre Form.

SPAGHETTIKÜRBIS

Wie sein Name schon vermuten lässt, enthält dieser blassgelbe Winterkürbis in seinem Inneren bereits fertige Nudeln. Man röstet ihn und schabt das Fruchtfleisch heraus, dabei zerfällt es ganz von selbst in spaghetti-ähnliche Bänder. Diese Nudeln sind eher fest und schmecken mild. Geradezu perfekt als Low-Carb-Nudel in italienischen Gerichten.

SÜSSKARTOFFELN

Eine einzige Süßkartoffel versorgt Sie mit dem Tages-bedarf an Vitamin A, außerdem mit reichlich Ballast-stoffen, die lange satt machen. Die köstlichen Knollen mit meist orangefarbenem Fruchtfleisch sind süßlich und fest und haben eine lockere Konsistenz, die sie ideal macht für süße wie herzhafte Gerichte. Aus Süß-kartoffeln können Sie Gnocchi machen, sie können in Bänder oder dünne Scheiben geschnitten werden als Ersatz für Nudeln oder Sie können Süßkartoffel-Vermicelli im Asienladen kaufen.

GELBER SOMMERKÜRBIS

Dieser milde Kürbis erinnert an gelbe Zucchini, er verjüngt sich aber stärker. Wie Zucchini auch, lassen sich gelbe Sommerkürbisse sehr gut zu Spiralen schneiden. Sie ergeben feste und zugleich flexible Nudeln, die in Form und Konsistenz Spaghetti ähneln. Gelber Sommerkürbis verdirbt schnell, darum sollten Sie nur frisch gepflückte Exemplare kaufen, am besten kleine oder mittelgroße, sie haben die beste Konsistenz und eine dünne, knackige Schale.

ZUCCHINI

Mit ihrer gleichmäßigen, zylindrischen Form und fes-ten Konsistenz sind Zucchini das beliebteste Gemüse für die Herstellung von Gemüsenudeln. Zucchini haben wenig Kalorien, dafür enthalten sie viel Folsäure und Kalium. Sie werden zu festen Band-nudeln, die ihre Form roh und gekocht perfekt be-halten. Sowohl die verbreitete grüne als auch die seltenere gelbe Sorte sind so mild, dass sie zu fast allen Geschmacksrichtungen passen. Schneiden Sie die Enden ab, aber lassen Sie die Schale dran.

GEMÜSENUDELN SELBST MACHEN

Mit ein paar Küchenhelfern können Sie Möhren, Gurken, Süßkartoffeln, Kürbis und viele andere Gemüse in nudelähnliche Formen schneiden. Gemüsenudeln sind ein prima Ersatz für herkömmliche Nudeln in vielen Gerichten von Spaghetti bis Lasagne.

GEMÜSE AUSWÄHLEN

Wählen Sie für Gemüsenudeln gleichmäßig geformte und möglichst gerade Exemplare aus. Wurzelgemüse, beispielsweise Möhren oder Rote Beten, ergeben recht feste Nudeln. Sie vertragen Hitze und können darum nicht nur roh, sondern auch gekocht in Ihre »Nudelgerichte« wandern. Gemüse mit einem höheren Flüssigkeitsgehalt, zum Beispiel Gurken, müssen etwas sorgfältiger behandelt werden, damit sie nicht matschig werden oder zerfallen. Wasserhaltiges Gemüse eignet sich am besten roh als Zutat in Nudelsalaten.

SPIRALSCHNEIDER

Mit diesem Gerät lässt sich Gemüse schnell und einfach in spaghetti-ähnliche Nudeln schneiden. Wenn Sie Gemüse mit einem wässrigen Inneren verwenden, wie etwa Gurken, sollten Sie einen Spiralschneider verwenden, der das Innere beim Spiralisieren entfernt, damit Ihr Gericht nicht zu feucht wird. Es gibt viele verschiedene Spiralschneider, die sich in Design und Preis unterscheiden. Einige Modelle haben Zusätze, mit denen Sie die Breite der Spiralen auswählen können – von einer schmalen Linguine bis zu breiten Fettuccine.

VIERKRANTREIBE

Mit dem größten Loch einer Vierkantreibe können Sie in Sekundenschnelle Gemüsenudeln herstellen. Schneiden Sie das Gemüse in eine gleichmäßige Form und reiben Sie es die gesamte Länge der Reibe entlang zu langen, dünnen Stücken.

GEMÜSESCHÄLER

Es gibt viele verschiedene Modelle, mit denen man auch unterschiedliche nudelähnliche Formen schneiden kann. Ein traditioneller Kartoffelschäler schneidet Zucchini in breite Bandnudeln, die Klassikern wie Pappardelle oder Lasagneplatten ähneln. Ein Julienneschneider stellt sehr dünne Fäden her, die eher spaghetti-ähnlich sind.

GEMÜSEHOBEL

Mit einem Gemüsehobel lassen sich die dünnsten und gleichmäßigsten Gemüsenudeln schneiden. Je nach eingesetzter Klinge können Sie breite Streifen für Lasagne schneiden oder mit einer Julienneklinge schmale, lange Bandnudeln herstellen.

NUDELN
SELBST MACHEN

SELBST GEMACHTE GLUTENFREIE NUDELN

Viele Nudelteigrezepte in diesem Buch sind glutenfrei und benötigen vielleicht etwas Übung, bis man sie perfekt hinbekommt. Mit Geduld und ein paar besonderen Zutaten werden Sie feine Nudeln bald selbst machen.

WAS GLUTEN BEWIRKT

Gluten ist ein Protein im Mehl, das herkömmlichem Nudelteig aus Hartweizen Struktur und Elastizität verleiht, sodass er sehr gut ausgerollt, geschnitten und geformt werden kann. Teig ohne Gluten – oder eine Alternative dazu – ist mürbe, brüchig und zäh. Ein gelungener glutenfreier Teig besteht aus glutenfreiem Mehl, wie aus Reis, Quinoa oder Hülsenfrüchten, und zudem aus einem oder mehreren Bindemitteln, die die Rolle des Gluten übernehmen. So wird auch dieser Teig weich und geschmeidig.

ALTERNATIVE MEHL- UND STÄRKESORTEN

Anstelle von Gluten gibt es einige Stärke- und Mehlsorten, die als Bindemittel dienen und mit dem Hauptmehl gemischt werden können, damit man einen elastischen Teig erhält. Tapiokastärke, Reisstärke oder Kartoffelstärke sind geeignete Bindemittel, aber wenn ihr Anteil zu hoch ist, kann der Nudelteig klebrig oder gummiartig werden. Darum dürfen sie nur in kleinen Mengen mit dem alternativen Hauptmehl gemischt werden. Am besten, Sie geben noch einen oder zwei Teelöffel Xanthan (erhältlich im Internethandel) oder Guarkernmehl (im Bioladen) dazu – beides hervorragende Verdickungsmittel, noch dazu glutenfrei und vegan. Diese übernehmen die Aufgabe des Gluten im Teig.

ANDERE GLUTENFREIE ZUSATZSTOFFE

Leiden Sie unter einer Unverträglichkeit von Zusatzstoffen wie Xanthan oder Guarkernmehl, sollten Sie gemahlenen Leinsamen, gemahlene Chiasamen oder gemahlene Flohsamenschalen verwenden, die allesamt natürliche Alternativen zu den oben genannten Stoffen sind. Ein bis zwei Esslöffel Olivenöl verbessern die Konsistenz aller Nudelteige und machen sie geschmeidiger. Eier sorgen für reichhaltigere und festere Teige (das kommt durch das Protein im Eigelb) und intensivieren außerdem die Farbe.

IHR GLUTENFREIER TEIG

Die alternativen Mehlsorten und Bindemittel, die für glutenfreien Teig zum Einsatz kommen, können wunderbare Konsistenzen und feine Aromen hervorbringen, aber sie werden niemals so stabil sein wie herkömmliche Nudeln. Halten Sie sich bitte genau an die Rezeptangaben in diesem Buch und geben Sie erst zum Schluss langsam nach und nach das Wasser hinzu, bis der Teig die ideale Konsistenz hat. Seien Sie beim Formen des Teigs geduldig und behandeln Sie ihn vorsichtig. Wenn Ihr glutenfreier Teig sehr mürbe ist, sollten Sie ihn mit der Hand ausrollen und schneiden, damit er nicht bricht.

FRISCHEN NUDELTEIG VERARBEITEN

Frischer Nudelteig ist leicht zu machen und sehr dankbar, egal ob Sie ihn mit der Hand oder mit der Maschine zubereiten. Mit etwas Erfahrung und Verfeinerung Ihrer Technik erkennen Sie schon bald, wie ein perfekter Teig aussehen und sich anfühlen muss.

TEIG ZUBEREITEN

Man kann Nudelteig mit der Hand machen oder in der Küchenmaschine, je nachdem, welches Mehl verwendet wird. Generell gilt: Je leichter ein Mehl zu bearbeiten ist, umso weniger muss der Teig geknetet werden, um so geschmeidig zu werden, dass man ihn ausrollen kann. Schwierigere Mehlsorten, beispielsweise Buchweizen, müssen länger geknetet werden und bringen selten einen richtig weichen Teig hervor. Die meisten Rezepte in diesem Buch werden mit einer leistungsstarken Küchenmaschine gemacht, weil das weniger anstrengend ist. Aber die Teige lassen sich ebenso von Hand herstellen. Je länger Sie fertigen Teig kühlen (ein bis zwei Tage), umso leichter lässt er sich formen.

AUSROLLEN & FORMEN

Sie können Nudelteig auf einer gut bemehlten Arbeitsfläche mit der Teigrolle oder mit der Nudelmaschine ausrollen. Die Nudelmaschine bringt eine weiche und gleichmäßige Nudelplatte hervor, aber es kann bei manchen glutenfreien Teigen schwierig sein, sie durch die Maschine zu führen. Diese Teige sollten Sie lieber mit der Hand ausrollen, damit sie nicht zu dünn werden und brechen. Die einfachsten Formen für Neulinge in der Herstellung von Nudelteigen sind die Bandnudeln: Tagliatelle, Fettuccine oder Pappardelle. Andere Formen, die man gut mit der Hand machen kann, sind Farfalle (Schmetterlinge) und einfache rechteckige oder runde Ravioli.

TROCKNEN & AUFBEWAHREN

Frische Teigwaren schmecken am besten, wenn man sie am Tag der Zubereitung kocht. Aber natürlich können Sie auch Nudeln für den Vorrat herstellen. Ein frischer Teig kann bis zu zwei Tage vor dem Formen zubereitet werden: Bewahren Sie ihn in Frischhaltefolie gewickelt im Kühlschrank auf. Frische Nudeln, die schon geformt sind, können mit etwas Mehl bestäubt und in Gefrierbeutel verpackt zwei Tage im Kühlschrank oder bis zu vier Wochen im Tiefkühlfach lagern. Frisch geschnittene Bandnudeln hängen Sie zum Trocknen mit etwas Abstand für ausreichende Luftzirkulation über ein spezielles Trockengestell, bis sie brüchig und knackig sind. Kleinere Nudeln verteilen Sie zum Trocknen auf einem sauberen Küchentuch auf einem Kuchengitter. Wenden Sie die Teigwaren gelegentlich. Komplett getrocknete Nudeln können bei Zimmertemperatur in einer luftdichten Dose mehrere Monate aufbewahrt werden.

KOCHEN

Ob frisch oder getrocknet – selbst gemachte Nudeln sind viel schneller gar als gekaufte. Bringen Sie stark gesalzenes Wasser in einem Topf zum Kochen und geben Sie die Nudeln hinein. Teigwaren, die am selben Tag gemacht worden sind, brauchen etwa 3 Minuten. Getrocknete oder tiefgekühlte selbst gemachte Nudeln benötigen 4 bis 7 Minuten; natürlich hängt die Garzeit auch von der Form ab. Kochen Sie die Nudeln bissfest.

AROMA & FARBE HINZUFÜGEN

Durch die Verwendung von Samen, Kräutern, Gewürzen und püriertem Gemüse können Sie Ihrem Teig Aroma, Farbe und eine andere Konsistenz verleihen. Geben Sie sie vor den Flüssigkeiten und den Eiern zum Teig, denn sie beeinflussen die benötigte Wassermenge.

SAMEN

Bei der Zugabe von Samen müssen Sie vor allem darauf achten, nur sehr kleine Sorten zu verwenden, damit sich der Teig gut ausrollen lässt. Chiasamen, Leinsamen, Mohnsamen, Hanfsamen und Sesamsamen eignen sich als Extras im Teig. Denken Sie daran, dass die Nudeln beim Schneiden an den Rändern ausfransen können, wenn Samen das Messer dort behindern. Verwenden Sie anfangs nur kleine Mengen und arbeiten Sie mit komplementären Aromen und Kontrastfarben für einen besonderen Effekt. Mischen Sie beispielsweise dunkle, nussige Hanfsamen in einen hellen Teig.

KRÄUTER

Die meisten Kräuter verlieren ihre kräftige Farbe beim Kochen, aber sie sorgen immer noch für eine leichte Färbung und bringen viel Aroma. Fein gehackte weiche Kräuter, beispielsweise Basilikum oder Estragon, lassen sich leichter einarbeiten als harte, holzige Kräuter wie Salbei oder Rosmarin. Die holzigen Kräuter müssen wirklich ganz fein gehackt werden, bevor sie zum Teig gegeben werden. Sie können die Kräuter auch in Öl anbraten, bis sie weich werden und ihr Aroma abgeben. Dann geben Sie die Öl-Kräuter-Mischung zum Teig.

GEWÜRZE

Gewürze wie gemahlene Kurkuma, Räucherpaprikapulver oder auch Matchateepulver sorgen sowohl für eine wahre Aromaexplosion als auch eine wunderbare Färbung des fertigen Nudelteigs. Rühren Sie die gemahlenen Gewürze unter das Mehl, damit sie sich gleichmäßig verteilen. Dann erst bereiten Sie den Teig wie beschrieben zu.

GEMÜSE

Spinat wird häufig verwendet, um grüne Nudeln herzustellen. Auch anderes püriertes Gemüse, beispielsweise geröstete Rote Bete oder Möhren, hat einen tollen Effekt. Gemüsepüree bringt zusätzliche Feuchtigkeit an den Teig, aber kein Protein, die Zugabe unterstützt also nicht die Bindung des Teigs. Damit der Teig bindet, geben Sie zuerst das Püree zum Mehl, dann die Eier und das Öl und zum Schluss nur so viel Wasser wie nötig ist, dass sich alle Zutaten verbinden. Sie können auch pulverisiertes Gemüse im Internethandel kaufen; diese Produkte haben den Vorteil, dass sie Geschmack und Farbe in den Teig bringen, aber keine weitere Flüssigkeit. Sie können also den Mengenangaben für Eier und Wasser im Rezept folgen.

TEIG
ROTE BETE & REISMEHL

Diese attraktiven, lebhaft roten Nudeln kombiniert man am besten mit einfachen, eher durchscheinenden Saucen, damit ihre Farbe zur Geltung kommt. Mit Gelber Bete erhalten Sie kräftig orangefarbene Nudeln.

Für 4 Personen
Zeit: 1 Std. +
45 Min. Kühlen
// milchfrei // glutenfrei

ZUTATEN

175 g Rote Bete
2 Eier
2 EL Olivenöl
½ TL feines Meersalz
225 g weißes Reismehl,
  plus mehr zum Arbeiten
115 g Naturreismehl
60 g Kartoffelstärke
60 g Tapiokamehl
1 TL Xanthan

ZUBEREITUNG

1 Die Rote Bete mit der Schale garen. Dafür entweder im Ganzen kochen oder in Alufolie gewickelt im Backofen bei 190 °C rösten. Die Knollen sind gar, wenn man mit einer Gabel leicht hineinstechen kann, das dauert etwa 45 Minuten. Abkühlen lassen, schälen und grob zerkleinern.

2 Die Rote Bete mit Eiern, Olivenöl, Salz und 1 EL kaltem Wasser im Mixer oder in der Küchenmaschine glatt pürieren.

3 Weißes Reismehl, Naturreismehl, Kartoffelstärke, Tapiokamehl und Xanthan in eine Schüssel der Küchenmaschine geben und mit einem Schneebesen per Hand gut mischen.

4 Eine Mulde in die Mitte der Mehlmischung drücken. Das Rote-Bete-Püree in die Mulde geben. Das Ganze in der Küchenmaschine mit dem Flachrührer auf niedriger Stufe vermengen, bis sich ein Teig bildet. Falls der Teig zu trocken ist, teelöffelweise kaltes Wasser dazugeben und unterrühren.

5 Den Flachrührer gegen den Knethaken austauschen. Die Küchenmaschine auf mittlere Stufe stellen und den Teig ca. 3–4 Minuten weiterkneten, bis er weich wird und glänzt.

6 Den Teig auf eine mit weißem Reismehl leicht bestäubte Arbeitsfläche geben und mit den Händen 1 Minute kneten, dann zu einer Kugel formen.

7 Den Teig in Frischhaltefolie wickeln und 45 Minuten – oder über Nacht – kühl stellen. Dann erst ausrollen.

TEIG
SPINAT & HIRSEMEHL

Dieser zarte Teig bringt eine schöne grüne Farbe in Ihre Gerichte. Er eignet sich gut für Lasagne und andere wenig bearbeitete Nudelformen. Damit er perfekt wird, sollten Sie ihn besser mit der Hand ausrollen und nicht mit der Maschine.

Für 6 Personen
Zeit: 15 Min. +
45 Min. Kühlen
// milchfrei // glutenfrei

ZUTATEN

2 EL Olivenöl

1 kleine Knoblauchzehe, zerdrückt

60 g Babyspinat

175 g Hirsemehl,
 plus mehr zum Arbeiten

60 g Reisstärke

1 TL Xanthan

1 Prise feines Meersalz

1 Ei + 1 Eigelb

ZUBEREITUNG

1 In einem mittelgroßen Topf mit schwerem Boden 1 EL Olivenöl erhitzen und den Knoblauch darin anbraten. Den Spinat hinzufügen und offen bei starker Hitze 1–2 Minuten unter ständigem Rühren anschwitzen, bis er zusammenfällt. Beiseitestellen und auf Zimmertemperatur abkühlen lassen. Nicht abgießen.

2 Hirsemehl, Reisstärke, Xanthan und Salz in einer großen Schüssel mit einem Schneebesen gut verrühren.

3 Den Spinat mit den Eiern, dem Eigelb, dem restlichen Olivenöl (1 EL) und 3 EL Wasser im Mixer oder in der Küchenmaschine glatt pürieren. Eine große Mulde in die Mitte der Mehlmischung drücken und die Spinatmischung hineingeben.

4 Die Spinatmischung mit einem Holzlöffel nach und nach in die Mehlmischung einarbeiten, bis allmählich ein Teig entsteht. Dann mit den Händen weiterarbeiten, bis man einen weichen Teig erhält, dabei falls nötig teelöffelweise Wasser einarbeiten.

5 Den Teig auf eine mit Hirsemehl leicht bestäubte Arbeitsfläche geben und mit den Händen 2–3 Minuten kneten, bis er weich und elastisch ist, dann zu einer Kugel formen.

6 Den Teig in Frischhaltefolie wickeln und 45 Minuten – oder über Nacht – kühl stellen. Dann erst ausrollen.

IDEAL FÜR // handausgerollte Lasagne // handgeschnittene Bandnudeln // Ravioli

TEIG
SORGHUM & SEPIA

Diese gehaltvollen Nudeln servieren Sie am besten in kleinen Portionen als Vorspeise oder Mittagessen. Tintenfischtinte bekommt man problemlos im Internethandel; sie verleiht dem Teig die beeindruckende Farbe.

Für 4–6 Personen
Zeit: 15 Min. +
45 Min. Kühlen
// milchfrei // glutenfrei

ZUTATEN

2 Beutel Tintenfisch- oder
*　Sepiatinte (à 4 g)*
115 g Sorghummehl
85 g Kartoffelstärke
85 g weißes Reismehl,
*　plus mehr zum Arbeiten*
2 TL Xanthan
1 Prise feines Meersalz
2 Eier
2 EL Olivenöl

ZUBEREITUNG

1 Die Tintenbeutel vorsichtig in eine kleine Schüssel leeren. 1 EL kochendes Wasser dazugeben und rühren, bis beides gut vermischt ist. Anschließend 3 EL kaltes Wasser unterrühren und die Schüssel beiseitestellen.

2 Sorghummehl, Kartoffelstärke, Reismehl, Xanthan und Salz in die Schüssel der Küchenmaschine geben und mit einem Schneebesen per Hand gründlich miteinander vermischen.

3 Eier und Olivenöl zur Tinte geben und alles sehr gut verrühren.

4 Eine Mulde in die Mitte der Mehlmischung drücken. Die Tinte-Ei-Mischung hineingießen. Das Ganze in der Küchenmaschine mit dem Flachrührer auf niedriger Stufe vermengen, bis sich ein Teig bildet. Falls der Teig zu trocken ist, teelöffelweise kaltes Wasser dazugeben und unterrühren.

5 Den Flachrührer gegen den Knethaken austauschen. Die Küchenmaschine auf mittlere Stufe stellen und den Teig ca. 3–4 Minuten weiterkneten, bis er weich wird und glänzt.

6 Den Teig auf eine mit Reismehl leicht bestäubte Arbeitsfläche geben und mit den Händen 1 Minute kneten, dann zu einer Kugel formen.

7 Den Teig in Frischhaltefolie wickeln und 45 Minuten – oder über Nacht – kühl stellen. Dann erst ausrollen.

IDEAL FÜR // maschinengewalzte Lasagne & Bandnudeln // handgeschnittene Bandnudeln // handausgerollte Lasagne

TEIG
KICHERERBSENMEHL

Dieser nussige Teig ist sehr geschmeidig und eignet sich für zarte Nudelformen,
beispielsweise Engelshaar. Er schmeckt dezent und zurückhaltend
und passt darum gut zu sanften und kräuterfeinen Saucen.

Für 4–6 Personen
Zeit: 15 Min. +
45 Min. Kühlen
// milchfrei // glutenfrei

ZUTATEN

350 g Kichererbsenmehl,
* plus mehr zum Arbeiten*
60 g Reisstärke
60 g Tapiokamehl
1 TL Xanthan
¾ TL feines Meersalz
4 Eier
2 EL Olivenöl

ZUBEREITUNG

1 Kichererbsenmehl, Reisstärke, Tapiokamehl, Xanthan und Salz in die Schüssel der Küchenmaschine geben und mit einem Schneebesen per Hand gründlich vermischen.

2 Eier, Olivenöl und 4 EL kaltes Wasser in einer kleinen Schüssel verquirlen.

3 Eine Mulde in die Mitte der Mehlmischung drücken. Die Eiermischung hineingießen. Das Ganze in der Küchenmaschine mit dem Flachrührer auf niedriger Stufe vermengen, bis sich ein Teig bildet. Falls der Teig zu trocken ist, teelöffelweise kaltes Wasser dazugeben und unterrühren.

4 Den Flachrührer gegen den Knethaken austauschen. Die Küchenmaschine auf mittlere Stufe stellen und den Teig ca. 3–4 Minuten weiterkneten, bis er weich wird und glänzt.

5 Den Teig auf eine mit Kichererbsenmehl leicht bestäubte Arbeitsfläche geben und mit den Händen 1 Minute kneten, dann zu einer Kugel formen.

6 Den Teig in Frischhaltefolie wickeln und 45 Minuten – oder über Nacht – kühl stellen. Dann erst ausrollen.

IDEAL FÜR // maschinengewalzte Lasagne & Bandnudeln // Orecchiette

TEIG
BUCHWEIZENMEHL

Dieser Teig wird aus dunklem, nussigem Buchweizenmehl hergestellt, das ihm einen intensiven Geschmack verleiht. Milde Tapioka- und Kartoffelstärke gleichen das Erdige des Buchweizens sanft aus und lassen den Teig geschmeidig werden.

Für 4 Personen
Zeit: 15 Min. +
45 Min. Kühlen
// milchfrei // glutenfrei

ZUTATEN

300 g Buchweizenmehl,
  plus mehr zum Arbeiten
85 g Kartoffelstärke
85 g Tapiokamehl
1 TL Xanthan
½ TL feines Meersalz
2 Eier
1 TL Olivenöl

ZUBEREITUNG

1 Buchweizenmehl, Kartoffelstärke, Tapiokamehl, Xanthan und Salz in der Schüssel der Küchenmaschine mit einem Schneebesen per Hand gründlich mischen.

2 Eier, Olivenöl und 120 ml kaltes Wasser in einer kleinen Schüssel vermischen.

3 Eine Mulde in die Mitte der Mehlmischung drücken. Die Eiermischung hineingießen. Das Ganze in der Küchenmaschine mit dem Flachrührer auf niedriger Stufe vermengen, bis sich ein Teig bildet. Dabei esslöffelweise bis zu 120 ml kaltes Wasser unterrühren, falls der Teig zu trocken ist.

Den Flachrührer durch den Knethaken ersetzen, die Küchenmaschine auf mittlere Stufe stellen und den Teig ca. 3–4 Minuten weiterkneten, bis er weich wird und glänzt.

4 Den Teig auf eine mit Buchweizenmehl leicht bestäubte Arbeitsfläche geben und mit den Händen 1 Minute kneten, dann zu einer Kugel formen.

5 Den Teig in Frischhaltefolie wickeln und 45 Minuten – oder über Nacht – kühl stellen. Dann erst ausrollen.

IDEAL FÜR // maschinengewalzte Lasagne & Bandnudeln // Fleckerl // Orecchiette // Farfalle

TEIG
MAISMEHL

Feines gelbes Maismehl verleiht diesem Teig die Farbe von traditionell hergestellten Eiernudeln – aber ohne Gluten. Maismehlteig ist zart und eignet sich am besten für ungefüllte und wenig bearbeitete Nudelformen.

Für 4 Personen
Zeit: 15 Min. +
45 Min. Kühlen
// milchfrei // glutenfrei

ZUTATEN

350 g feines Maismehl,
  plus mehr zum Arbeiten
115 g weißes Reismehl
2 TL Xanthan
½ TL feines Meersalz
2 Eier + 2 Eigelb
1 TL Olivenöl

ZUBEREITUNG

1 Maismehl, Reismehl, Xanthan und Salz in der Schüssel der Küchenmaschine mit einem Schneebesen per Hand gründlich mischen.

2 Eier, Eigelbe, Olivenöl und 120 ml kaltes Wasser in einer kleinen Schüssel miteinander verquirlen.

3 Eine Mulde in die Mitte der Mehlmischung drücken. Die Eiermischung hineingießen. Das Ganze in der Küchenmaschine mit dem Flachrührer auf niedriger Stufe vermengen, bis sich ein Teig bildet. Dabei esslöffelweise bis zu 4 EL kaltes Wasser unterrühren, falls der Teig zu trocken ist.

4 Den Flachrührer gegen den Knethaken austauschen. Die Küchenmaschine auf mittlere Stufe stellen und den Teig ca. 3–4 Minuten weiterkneten, bis er weich wird und glänzt.

5 Den Teig auf eine mit Maismehl leicht bestäubte Arbeitsfläche geben und mit den Händen 1 Minute kneten, dann zu einer Kugel formen.

6 Den Teig in Frischhaltefolie wickeln und 45 Minuten – oder über Nacht – kühl stellen. Dann erst ausrollen.

IDEAL FÜR // handgeschnittene Bandnudeln // handausgerollte Lasagne // Farfalle // Orecchiette

TEIG
MANDEL- & TAPIOKAMEHL

Dieser Teig ist ziemlich robust, er lässt sich gut bearbeiten und kann sehr dünn ausgerollt werden. Sein milder Geschmack hebt das Aroma anderer Zutaten hervor, darum eignet er sich gut für Gerichte wie Ravioli.

Für 4–6 Personen
Zeit: 15 Min. +
45 Min. Kühlen
// milchfrei // glutenfrei

ZUTATEN

*225 g Mandelmehl,
  plus mehr zum Arbeiten*
115 g Tapiokamehl
115 g Kartoffelstärke
2 TL Xanthan
½ TL feines Meersalz
2 Eier + 2 Eigelb
2 EL Olivenöl

ZUBEREITUNG

1 Mandelmehl, Tapiokamehl, Kartoffel-stärke, Xanthan und Salz in die Schüssel der Küchenmaschine geben und mit einem Schneebesen per Hand gründ-lich vermischen.

2 Eier, Eigelbe, Olivenöl und 120 ml kaltes Wasser in einer kleinen Schüssel miteinander verquirlen.

3 Eine Mulde in die Mitte der Mehl-mischung drücken. Die Eier-Öl-Mischung hineingießen. Alles in der Küchenmaschine mit dem Flachrührer auf niedriger Stufe vermengen, bis sich ein fester Teig bildet. Falls der Teig zu trocken ist, teelöffelweise kaltes Wasser unterrühren, bis die richtige Konsistenz erreicht ist.

4 Den Flachrührer gegen den Knet-haken austauschen. Die Küchen-maschine auf mittlere Stufe stellen und den Teig ca. 3–4 Minuten weiter-kneten, bis er weich wird und glänzt.

5 Den Teig auf eine mit Mandelmehl leicht bestäubte Arbeitsfläche geben und mit den Händen 1 Minute kneten, dann zu einer Kugel formen.

6 Den Teig in Frischhaltefolie wickeln und 45 Minuten – oder über Nacht – kühl stellen. Dann erst ausrollen.

IDEAL FÜR // handgeschnittene Bandnudeln // handausgerollte Lasagne // Ravioli

TEIG
DINKEL- & KASTANIENMEHL

Dieser feuchte Teig lässt sich leicht ausrollen, hält gut zusammen und hat einen wunderbar milden Geschmack. Er eignet sich für die Herstellung von Bandnudeln und Lasagne und ist damit ideal für klassische italienische Rezepte.

Für 4–6 Personen
Zeit: 15 Min. +
45 Min. Kühlen
// milchfrei

ZUTATEN

225 g Dinkelmehl,
  plus mehr zum Arbeiten
115 g Kastanienmehl
115 g Tapiokamehl
1 TL Xanthan
½ TL feines Meersalz
2 Eier
2 EL Olivenöl

ZUBEREITUNG

1 Dinkelmehl, Kastanienmehl, Tapiokamehl, Xanthan und Salz in die Schüssel der Küchenmaschine geben und mit einem Schneebesen per Hand gründlich vermischen.

2 Eier, Olivenöl und 120 ml und 2 EL kaltes Wasser in einer kleinen Schüssel miteinander verquirlen.

3 Eine Mulde in die Mitte der Mehlmischung drücken. Die Eiermischung hineingießen. Das Ganze in der Küchenmaschine mit dem Flachrührer auf niedriger Stufe vermengen, bis ein Teig entsteht, dabei esslöffelweise bis zu 2 EL kaltes Wasser untermixen, falls der Teig zu trocken ist.

4 Den Flachrührer gegen den Knethaken austauschen. Die Küchenmaschine auf mittlere Stufe stellen und den Teig ca. 3–4 Minuten weiterkneten, bis er weich wird und glänzt.

5 Den Teig auf eine mit Dinkelmehl leicht bemehlte Arbeitsfläche geben und mit den Händen 1 Minute kneten, dann zu einer Kugel formen.

6 Den Teig in Frischhaltefolie wickeln und 45 Minuten – oder über Nacht – kühl stellen. Dann erst ausrollen.

IDEAL FÜR // handgeschnittene Bandnudeln // handausgerollte Lasagne // Orecchiette

FORMEN
MASCHINENGEWALZTE
LASAGNE & BANDNUDELN

*Mit einer Nudelmaschine können Sie wunderbar elastische
und gleichmäßige Nudeln herstellen. Diese Methode eignet sich am besten
für robustere Teige, die nicht so leicht reißen.*

ZUTATEN

1 Portion Nudelteig
Mehl zum Arbeiten

ZUBEREITUNG

1 Den Teig in sechs Portionen teilen und eine Portion nach der anderen bearbeiten. Den restlichen Teig wieder mit Frischhaltefolie bedecken. Die Arbeitsfläche und die Teigrolle dünn mit Mehl bestäuben.

2 Die erste Teigportion zu einem Rechteck ausrollen, das nicht breiter ist als zwei Drittel der Breite der Nudelmaschine und nur etwas dicker als die gröbste Einstellung der Walzen.

3 Den Teig zwei- bis dreimal durch die gröbste Einstellung der Nudelmaschine führen, bis er glatt ist und leicht glänzt.

4 Den Teig immer wieder durch die Maschine führen, dabei die Walzen immer enger stellen, bis die gewünschte Teigdicke erreicht ist. Falls nötig, die Teigbahn zwischendurch mit etwas Mehl bestäuben.

5 Für die Herstellung von Lasagneplatten die Teigbahnen mit einem Teigrädchen oder einem scharfen Messer in die gewünschte Größe schneiden. Die fertigen Teigplatten auf ein mit Backpapier belegtes Blech geben. Jede Schicht mit Backpapier belegen, damit die Blätter nicht zusammenkleben. Für Bandnudeln den entsprechenden Aufsatz an der Nudelmaschine auswählen und den Teig noch einmal durch die Maschine führen, sodass lange Bandnudeln geschnitten werden. Die fertigen Bandnudeln gleichmäßig auf einem mit Backpapier belegten Backblech verteilen.

6 Die Schritte 2 bis 5 mit den restlichen Teigportionen wiederholen. Die Nudeln bis zur Verwendung abgedeckt an einem kühlen Ort aufbewahren.

VERSUCHEN SIE // Mandel-Tapiokamehl-Teig // Buchweizenmehlteig // Kichererbsenmehlteig // Sorghum-Sepia-Teig

FORMEN
BANDNUDELN

Empfindlichere Teige sollten Sie per Hand ausrollen und schneiden. Dann sehen die Nudeln wirklich selbst gemacht aus und der Teig bricht nicht. Mit dieser Methode können Sie von schmalen Spaghetti bis zu breiten Pappardelle alle Formen herstellen.

ZUTATEN

1 Portion Nudelteig
Mehl zum Arbeiten

ZUBEREITUNG

1 Den Teig in sechs Portionen teilen und eine Portion nach der anderen bearbeiten. Den restlichen Teig wieder mit Frischhaltefolie bedecken. Die Arbeitsfläche und die Teigrolle dünn mit Mehl bestäuben.

2 Die erste Teigportion in die Mitte der Arbeitsfläche legen und beide Seiten mit Mehl bestäuben. Den Teig zu einem 15 cm großen Quadrat ausrollen und beide Seiten nochmals mit Mehl bestäuben.

3 Den Teig zu einem langen Rechteck ausrollen. Es soll etwa 1,5 mm dünn und 15 cm breit sein. Den Teig dabei öfters anheben, um ihn von der Arbeitsfläche zu lösen. Den Teig auf Küchenpapier legen und zum Antrocknen etwa 15 Minuten beiseitestellen.

4 Die angetrocknete Teigplatte von der langen Seite her anheben und zu einer etwa 5 cm breiten, eher flachen und fast rechteckigen Rolle zusammenfalten.

5 Die Teigrolle mit einem scharfen Messer in die gewünschte Breite schneiden. Für Spaghetti etwa 1,5 mm, für Linguine etwa 3 mm, für Fettuccine 4 mm, für Tagliatelle 5 mm und für Pappardelle etwa 2 cm.

6 Die Nudeln entrollen und auf ein mit einem leicht bemehlten Backpapier belegtes Backblech geben. Mit den übrigen Teigportionen ebenso verfahren. Die Nudeln bis zur Verwendung an einem kühlen Ort aufbewahren.

VERSUCHEN SIE // Spinat-Hirsemehl-Teig // Rote-Bete-Reismehl-Teig // Maismehlteig // Dinkel-Kastanienmehl-Teig

FORMEN
HANDAUSGEROLLTE LASAGNE

Diese einfachen Teigplatten verleihen Ihrer Lasagne eine feine und zugleich feste Konsistenz, die mit gekauften Nudelplatten kaum zu erreichen ist. Je nachdem, wie Sie Ihre Lasagne mögen, können Sie die Platten dicker oder dünner ausrollen.

ZUTATEN

1 Portion Nudelteig
Mehl zum Arbeiten

ZUBEREITUNG

1 Den Teig in zwei Portionen teilen und eine Portion nach der anderen bearbeiten. Den restlichen Teig wieder mit Frischhaltefolie bedecken und beiseitestellen. Die Arbeitsfläche und die Teigrolle dünn mit Mehl bestäuben.

2 Die erste Teigportion ausrollen, dabei die entstehende Teigplatte anfangs mehrmals wenden. Den Teig so dünn wie möglich ausrollen, ohne dass er bricht. Die Kanten mit einem Messer begradigen, sodass man ein großes, gleichmäßiges Rechteck erhält.

3 Das entstandene Teigrechteck mit einem Teigrädchen oder einem scharfen Messer in 15 x 7,5 cm große Rechtecke schneiden.

4 Die Rechtecke nebeneinander auf ein mit einem leicht bemehlten Backpapier belegtes Backblech legen.

5 Mit dem restlichen Teig genauso verfahren. Falls nötig, die fertigen Teigplatten mit Backpapier bedecken und eine zweite Schicht Teigplatten darauflegen.

6 Die Lasagneplatten mit dem Backpapier in Frischhaltefolie packen und bis zur Verwendung an einem kühlen Ort aufbewahren. Am besten am selben Tag verwenden oder aber über Nacht kühl stellen.

VERSUCHEN SIE // Spinat-Hirsemehl-Teig // Dinkel-Kastanienmehl-Teig // Maismehlteig // Mandel-Tapiokamehl-Teig

FORMEN
RAVIOLI

Es ist überraschend einfach, frische und köstlich gefüllte Teigtaschen selbst
zu machen. Keine Angst, Sie müssen die Teigblätter nicht in einer besonderen
Größe zubereiten – und Sie können sie sogar in verschiedene Formen schneiden.

ZUTATEN

1 Portion Nudelteig
Mehl zum Arbeiten
1 Portion Füllung (s. S. 159)
1 Ei, verquirlt

ZUBEREITUNG

1 Den Teig in sechs Portionen teilen und eine Portion nach der anderen bearbeiten. Den restlichen Teig wieder mit Frischhaltefolie bedecken und beiseitestellen. Die Arbeitsfläche dünn mit Mehl bestäuben.

2 Die erste Teigportion mit der Hand oder der Nudelmaschine zu zwei langen, etwa 1,5 mm dünnen Teigbahnen ausrollen.

3 Die Füllung mit einem Löffel in kleinen Portionen auf eine Teigbahn platzieren, dabei etwa 2,5 cm Abstand zwischen den Häufchen lassen, damit man den Teig zu Ravioli schneiden kann.

4 Etwas verquirltes Ei mit einem Backpinsel rund um die Füllung streichen.

5 Die zweite Teigbahn gleichmäßig darauflegen, sodass sie die Füllung bedeckt. Mit den Fingern vorsichtig um jede Portion Füllung herum leicht andrücken.

6 Die Ravioli mit einem Teigrädchen oder einem scharfen Messer ausschneiden. Die Teigtaschen mit einer Gabel oder den Fingern rund um die Füllung gut zusammendrücken und verschließen. Den restlichen Teig genauso verarbeiten. Die Ravioli bis zur Verwendung im Kühlschrank aufbewahren.

VERSUCHEN SIE // Mandel-Tapiokamehl-Teig

FORMEN
FARFALLE

Ihr Name kommt aus dem Italienischen und bedeutet »Schmetterling«.
Diese kleinen Nudeln lassen sich leicht mit der Hand formen.
Noch hübscher werden sie, wenn Sie ein gezacktes Teigrädchen verwenden.

ZUTATEN

1 Portion Nudelteig
Mehl zum Arbeiten

ZUBEREITUNG

1 Den Teig in vier Portionen teilen und eine Portion nach der anderen bearbeiten. Den restlichen Teig wieder mit Frischhaltefolie bedecken und beiseitestellen. Die Arbeitsfläche und die Teigrolle dünn mit Mehl bestäuben.

2 Die erste Teigportion mit der Teigrolle zu einer sehr dünnen, rechteckigen, etwa 1 mm dicken Teigplatte ausrollen.

3 Die Teigplatte mit dem Teigrädchen oder einem scharfen Messer in etwa 4 x 2,5 cm kleine Rechtecke schneiden.

4 Die Rechtecke an der Längsseite in der Mitte mit zwei Fingern etwas zusammendrücken, damit die typische Farfalleform entsteht. Die Farfalle auf einem mit einem leicht bemehlten Backpapier belegten Backblech verteilen und mit Frischhaltefolie abdecken. Den restlichen Teig genauso verarbeiten und die Farfalle bis zur Verwendung abgedeckt an einen kühlen Ort stellen.

VERSUCHEN SIE // Maismehlteig // Rote-Bete-Reismehl-Teig // Buchweizenmehlteig

FORMEN
ORECCHIETTE

Ihr Name bedeutet »kleine Ohren«, denn diese Nudeln sind wie Schälchen geformt.
Bei der hier beschriebenen Methode drücken Sie mit Ihren Daumen eine Vertiefung
in jedes Teigscheibchen. Orecchiette passen zu fast allen Saucen.

ZUTATEN

1 Portion Nudelteig
Mehl zum Arbeiten

ZUBEREITUNG

1 Den Teig in acht Portionen teilen und eine Portion nach der anderen bearbeiten. Den restlichen Teig wieder mit Frischhaltefolie bedecken. Die Arbeitsfläche dünn mit Mehl bestäuben.

2 Die erste Teigportion mit den Händen zu einem Strang von etwa 1 cm Durchmesser formen. Diesen mit einem scharfen Messer gleichmäßig in 5 mm dünne Scheiben schneiden.

3 Mit einem bemehlten Daumen in die Mitte jeder Teigscheibe ein Mulde drücken, dabei den Daumen etwas hin- und herdrehen. Die Teigscheibe auf der Daumenspitze balancieren und den Teig mit der anderen Hand etwas um den Daumen herum nach unten drücken, bis man die typische Schalenform erhält.

4 Die fertigen Orecchiette mit etwas Abstand nebeneinander auf ein mit einem leicht bemehlten Backpapier belegtes Backblech legen. Den restlichen Teig genauso verarbeiten und die Orecchiette bis zur Verwendung abgedeckt an einen kühlen Ort stellen.

VERSUCHEN SIE // Kichererbsenmehlteig // Buchweizenmehlteig // Dinkel-Kastanienmehl-Teig // Maismehlteig

FORMEN
FLECKERL

*Diese großen flachen Dreiecke werden oft nur mit Butter und geriebenem Käse
serviert — ein leckeres und sättigendes Gericht. Rollen Sie den Teig gleichmäßig aus
und schneiden Sie mit einem gezackten Teigrädchen attraktive Kanten.*

ZUTATEN

1 Portion Nudelteig
Mehl zum Arbeiten

ZUBEREITUNG

1 Den Teig in sechs Portionen teilen
und eine Portion nach der anderen
bearbeiten. Den restlichen Teig wieder
mit Frischhaltefolie bedecken und beiseitestellen. Die Arbeitsfläche dünn mit
Mehl bestäuben.

2 Die Teigportion zu einem Rechteck
ausrollen, das nicht breiter ist als zwei
Drittel der Breite der Nudelmaschine
und nur etwas dicker als die gröbste
Einstellung der Walzen.

3 Den Teig zwei- bis dreimal durch die
gröbste Einstellung der Nudelmaschine
führen, bis er glatt ist und leicht glänzt.

4 Den Teig immer wieder durch die
Maschine führen, dabei die Walzen
immer enger stellen, bis der Teig
etwa 1,5 mm dünn ist.

5 Den Teig mit einem Teigrädchen
oder einem scharfen Messer in 7,5 cm
breite Streifen schneiden.

6 Die Streifen in lange, schmale Dreiecke schneiden, die kurze Seite sollte
etwa 4 cm lang sein. Ein Backblech mit
einem leicht bemehlten Backpapier
belegen. Die Fleckerl nebeinander mit
etwas Abstand darauflegen. Den restlichen Teig genauso verarbeiten.

7 Die Fleckerl bis zur Verwendung
abgedeckt an einen kühlen Ort stellen.

VERSUCHEN SIE // Buchweizenmehlteig // Dinkel-Kastanienmehl-Teig

FORMEN
GNOCCHI

Diese weichen Knödel werden meist aus Kartoffeln und Mehl hergestellt und sind ganz leicht zu machen – Sie brauchen nur ein scharfes Messer, eine Gabel und ein Schneidebrett. Gnocchi sind leicht und mild und passen sehr gut zu kräftigen, aromatischen Saucen.

ZUTATEN

1 Portion Gnocchiteig (s. S. 164)
Reismehl zum Arbeiten

ZUBEREITUNG

1 Den Teig auf eine mit Reismehl leicht bestäubte Arbeitsfläche legen und in vier Portionen teilen. Mit der ersten Portion beginnen und den restlichen Teig wieder mit Frischhaltefolie bedecken.

2 Die erste Teigportion mit den Händen zu einer Rolle mit etwa 2,5 cm Durchmesser formen. Die Rolle gleichmäßig in etwa 2 cm dicke Stücke schneiden.

3 Die einzelnen Teigstücke zwischen den Handflächen zu kleinen Kugeln formen, auf die Arbeitsfläche legen und etwas flach klopfen. Auf ein Schneidebrett legen.

4 Wenn alle Gnocchi auf diese Weise geformt sind, die Oberfläche der Gnocchi mit den Zinken einer Gabel etwas eindrücken, sodass man Rillen erhält. Die Gnocchi bis zur Verwendung abgedeckt an einen kühlen Ort stellen.

FORMEN
SPÄTZLE

Wenn man Teig direkt durch einen Schaumlöffel in einen Topf mit kochendem Wasser drückt,
erhält man die unter dem Namen Spätzle bekannten kleinen, unregelmäßigen Teigwaren.
Diese klassischen Eiernudeln sind angenehm weich und passen gut zu würzigen Gerichten.

ZUTATEN

Salz
1 Portion Spätzleteig
  (s. S. 68 oder S. 178)
Olivenöl zum Schwenken

ZUBEREITUNG

1 In einem großen Topf 3 l Salzwasser zum Kochen bringen. Eine große Schüssel mit Eiswasser bereitstellen.

2 Einen Schaumlöffel, ein Sieb mit großen Löchern oder eine Spätzlepresse über den Topf halten. Mit der anderen Hand etwas Teig mithilfe eines Löffels durch die Löcher in das kochende Wasser drücken. Die Spätzle 1–2 Minuten kochen, bis sie an die Oberfläche steigen.

3 Die Spätzle mit einem Schaumlöffel herausheben und sofort in das Eiswasser geben. Den ganzen Teig nach und nach auf diese Weise zu Spätzle verarbeiten.

4 Die Spätzle gut abtropfen lassen und in etwas Olivenöl schwenken, damit sie nicht zusammenkleben. Bis zur Verwendung beiseitestellen.

NUDEL
SUPPEN

GRÜNE MINESTRONE MIT WALNUSS-PESTO

Diese leuchtend grüne Suppe enthält verschiedenes Frühlingsgemüse, das für zarten Biss sorgt. Geben Sie das Gemüse unbedingt in der richtigen Reihenfolge in die Suppe, damit alle Sorten bissfest sind.

ZUTATEN

115 g Mais-Hörnchennudeln oder Mais-Orzo (reisförmige Nudeln)

2 EL Olivenöl, plus mehr zum Schwenken

1 kleine Zwiebel, fein gewürfelt

1 Stange Staudensellerie, fein gewürfelt

⅓ große Fenchelknolle, fein gewürfelt

1 große Knoblauchzehe, fein gehackt

1,4 l Gemüsebrühe

1 große Handvoll zarte grüne Bohnen, schräg in feine Stücke geschnitten

10 grüne Spargelstangen, schräg in feine Stücke geschnitten

60 g Erbsen (TK)

½ kleine Zucchini, längs halbiert und schräg in feine Stücke geschnitten

Salz und frisch gemahlener Pfeffer

Für das Pesto

60 g Walnusskerne

30 g junger Grünkohl, gewaschen, Blätter von den Stielen gezupft und zerkleinert

1 große Knoblauchzehe, zerdrückt

2 EL Zitronensaft

12 Basilikumblätter

4 EL Olivenöl

2 EL fein geriebener Parmesan

Für 4–6 Personen // Zeit: 35 Min. // glutenfrei

ZUBEREITUNG

1 Für das Pesto die Walnusskerne in einer großen beschichteten Pfanne ohne Fett bei mittlerer bis schwacher Hitze 3–4 Minuten rösten, bis sie beginnen zu bräunen. Die Pfanne vom Herd nehmen. Die abgekühlten Walnusskerne in ein sauberes Geschirrtuch geben und die dunkle Haut damit kräftig abrubbeln. Grob hacken.

2 Die Walnusskerne mit Grünkohl, Knoblauch, Zitronensaft, Basilikum, Olivenöl und 2 EL kaltem Wasser im Mixer zu einer groben Paste mixen. Den Parmesan dazugeben und mixen, bis die gewünschte Konsistenz erreicht ist. Das Pesto soll nicht ganz glatt sein. Mit Salz und Pfeffer abschmecken und noch einmal kurz durchmixen.

3 Die Nudeln nach Packungsangabe kochen. In ein Sieb abgießen und unter fließendem kaltem Wasser abspülen. In 1 Schuss Olivenöl schwenken, damit sie nicht zusammenkleben. Beiseitestellen.

4 Das Olivenöl in einem großen Topf mit schwerem Boden bei mittlerer Hitze erwärmen. Zwiebel, Sellerie und Fenchel dazugeben und 3–4 Minuten unter gelegentlichem Rühren dünsten, bis sie weich sind, aber nicht bräunen. Den Knoblauch dazugeben und 1 Minute mitdünsten.

5 Die Gemüsebrühe dazugeben und aufkochen. Die grünen Bohnen hinzufügen und 1 Minute kochen. Spargel und Erbsen dazugeben und 2 Minuten kochen. Zum Schluss Zucchini und Nudeln hinzufügen und alles noch 1 Minute kochen. Mit Salz und Pfeffer abschmecken. Sofort servieren, das Pesto extra dazu reichen.

NUDELTAUSCH // Quinoa-Hörnchennudeln // Naturreis-Ditalini

NUDELSUPPE MIT GARNELEN-KNÖDELN

Die Kelp-Nudeln werden weich und köstlich, wenn sie in dieser Suppe köcheln, die außerdem mit herzhaften Kräuter-Garnelenklößchen und Pak Choi aufwartet.

Für 4 Personen // Zeit: 50 Min. // milchfrei // glutenfrei

ZUTATEN

1,4 l Fischbrühe

1 großer Stängel Zitronengras, längs geviertelt

1 Stück Ingwer (3 cm), in dünne Scheiben geschnitten

1 Knoblauchzehe, in Scheiben geschnitten

1 kleine Handvoll Koriandergrün

2 EL Fischsauce, plus mehr zum Servieren

Saft von 1 Limette, plus Limettenspalten zum Servieren

300 g Kelp-Nudeln

1 großer oder 2 kleine Pak Choi, geputzt und längs in 2,5 cm dicke Spalten geschnitten

Für die Knödel

225 g rohe Garnelen, grob gehackt

½ TL abgeriebene Bio-Limettenschale

2 Frühlingszwiebeln, fein geschnitten, plus mehr zum Garnieren

2 EL gehackte Korianderblätter, plus ganze Blätter zum Garnieren

2 TL Tapiokamehl

Salz und frisch gemahlener schwarzer Pfeffer

ZUBEREITUNG

1 Für die Klößchen Garnelen, Limettenschale, Frühlingszwiebeln und gehackte Korianderblätter im Mixer zu einer groben Paste verarbeiten. In eine Schüssel umfüllen und das Tapiokamehl unterrrühren. Mit Salz und Pfeffer abschmecken und in den Kühlschrank stellen.

2 Fischbrühe, Zitronengras, Ingwer, Knoblauch und Koriandergrün in einen großen Topf mit schwerem Boden geben. Die Brühe bei mittlerer Hitze aufkochen, den Herd ausschalten und die Brühe zugedeckt 15 Minuten ziehen lassen. Durch ein Sieb in eine Schüssel abgießen, den Topf säubern und die Brühe wieder hineingießen. Fischsauce und Limettensaft dazugeben. Die Brühe abschmecken und nach Belieben weitere Fischsauce oder weiteren Limettensaft dazugeben.

3 Die Kelp-Nudeln unter fließendem kaltem Wasser abspülen und anschließend in kaltem Wasser einweichen, bis die Knödel fertig geformt sind.

4 Die Knödelmischung zu 16 bis 20 Kugeln formen und auf einen Teller legen. Die Kelp-Nudeln abgießen und noch einmal abspülen.

5 Die Brühe aufkochen und die Temperatur reduzieren, bis die Brühe nur noch leicht köchelt. Die Garnelenknödel einlegen und zugedeckt 2–3 Minuten pochieren. Dabei mehrmals wenden, bis sie sich fest anfühlen. Die Knödel aus der Brühe nehmen.

6 Die Kelp-Nudeln in die Brühe geben und zugedeckt bei schwacher Hitze 5 Minuten köcheln lassen, bis sie fast weich sind. Den Pak Choi hinzufügen und 2 Minuten mitkochen, bis er weich ist. Die Knödel wieder in die Brühe geben und erhitzen.

7 Die Suppe sofort mit Korianderblättern und Frühlingszwiebeln garniert servieren. Fischsauce und Limettenspalten extra dazu reichen.

NUDELTAUSCH // Shirataki-Nudeln // dünne Reisnudeln // Glasnudeln

HÜHNER- SUPPE MIT KRÄUTER- SPÄTZLE

Diese wärmende Suppe ist die Mühe wirklich wert! Aromatischer Estragon und frische Petersilie würzen köstliche Spätzle in einer wunderbaren Hühnersuppe mit zartem Gemüse.

ZUTATEN

2 EL Olivenöl

1 kleine Zwiebel, fein gewürfelt

1 Stange Lauch, geputzt und fein gewürfelt

3 Möhren, geschält und fein gewürfelt

2 Stangen Staudensellerie, geputzt und fein gewürfelt

1,2 l Hühnerbrühe

225 g gegartes Hähnchenfleisch, fein geschnetzelt

Für den Spätzleteig

115 g Dinkelmehl

115 g Mehl

½ TL feines Meersalz

½ TL Backpulver

2 Eier

120 ml Milch + 2 EL Milch

1 EL fein gehackter Estragon

1 EL fein gehackte Petersilie, plus Blätter zum Garnieren

Für 4–6 Personen // Zeit: 45 Min.

ZUBEREITUNG

1 Für den Spätzleteig Dinkelmehl, Mehl, Salz und Backpulver in einer großen Schüssel mischen. Die Eier und 120 ml Milch unterschlagen, bis man einen sehr dickflüssigen Teig erhält. Falls nötig, weitere 2 EL Milch unterschlagen. Estragon und Petersilie unterrühren und den Teig mit einem Holzlöffel kräftig schlagen, bis er Blasen wirft. Die Spätzle nach der Anleitung im Grundrezept (s. S. 60) kochen.

2 Das Olivenöl in einem großen Topf mit schwerem Boden erhitzen. Zwiebel, Lauch, Möhren und Sellerie dazugeben und bei mittlerer Hitze 3–4 Minuten anschwitzen, bis sie weich sind, aber nicht bräunen.

3 Die Hühnerbrühe dazugießen und aufkochen. Die Temperatur auf mittlere bis niedrige Hitze herunterschalten und alles weitere 4–5 Minuten kochen. Das Hähnchenfleisch und die Spätzle hineingeben, die Brühe wieder aufkochen und beides darin erhitzen. Die Suppe mit ganzen Petersilienblättchen garnieren und sofort servieren.

MISO-HIRSENUDEL-SUPPE MIT SCHARFEM TOFU

Diese Brühe mit Seegrasaroma ist ganz einfach zuzubereiten. Eine Prise Bonito-Flocken verleiht ihr Rauchigkeit.

ZUTATEN

*300 g fester Tofu, ausgedrückt und
in kleine Würfel geschnitten*

300 g Hirsenudeln

Sesamöl zum Schwenken und Servieren

60 g weiße Misopaste

2 zimmerwarme Eier

3 EL Sonnenblumenöl

*2 EL getrocknete und fein geriebene
Wakame-Algen*

2 EL grob gehackte Korianderblätter

*4 Frühlingszwiebeln, schräg in feine
Ringe geschnitten*

*1 EL Nori Furikake
(jap. Gewürzmischung)*

Für die Marinade

2 Knoblauchzehen, zerdrückt

1 Stück Ingwer (2,5 cm), fein gerieben

2 EL Sojasauce

2 TL Sesamöl

*2 TL Chiliöl,
plus mehr zum Servieren*

1 TL Zucker

Für die Dashi-Brühe

*30 g getrocknete Kombu-Algen,
klein geschnitten*

30 g getrocknete Shiitakepilze

Für 4 Personen // Zeit: 1 Std. + 1 Std. Einweichen // milchfrei

ZUBEREITUNG

1 Für die Marinade alle Zutaten in einer kleinen Schüssel verrühren, bis sich der Zucker aufgelöst hat. Den Tofu dazugeben und gut mit der Marinade mischen. Bis zur Verwendung kühl stellen.

2 Für die Dashi-Brühe Kombu-Algen und Shiitakepilze in einen Topf geben und 1–3 Stunden in 2 l kaltem Wasser einweichen lassen. Das Wasser dann fast zum Kochen bringen, aber knapp davor den Topf vom Herd nehmen. Die Algen entfernen und wegwerfen. Die Brühe abkühlen lassen und durch ein feines Sieb in einen zweiten Topf gießen, die Pilze ebenfalls wegwerfen. Brühe beiseitestellen.

3 Die Hirsenudeln nach Packungsangabe bissfest kochen. In ein Sieb abgießen, kalt abspülen und abtropfen lassen. In 1 Schuss Sesamöl schwenken, damit sie nicht zusammenkleben. Beiseitestellen.

4 Die Dashi-Brühe erhitzen und die Misopaste bei mittlerer Hitze mit einem Schneebesen einrühren. Aufkochen. Die Temperatur auf schwache Hitze reduzieren und die

Brühe zugedeckt bis zur Verwendung warm halten.

5 Die Eier in einen kleinen Topf geben, mit kaltem Wasser bedecken und dieses aufkochen. Die Temperatur reduzieren, sodass das Wasser nur noch leicht köchelt, und die Eier offen 4 Minuten kochen.

6 Inzwischen das Sonnenblumenöl in einer beschichteten Pfanne erhitzen. Den Tofu dazugeben, dabei überschüssige Marinade abstreifen. Den Tofu bei mittlerer Hitze ohne Rühren 2 Minuten anbraten. Den Tofu wenden und weitere 2 Minuten braten, bis er knusprig und braun ist. Zum Abtropfen auf einen mit Küchenpapier belegten Teller legen.

7 Die Dashi-Brühe wieder aufkochen. Die gekochten Nudeln gleichmäßig auf vier Servierschüsseln verteilen. Die Eier pellen und halbieren. Die kochende Dashi-Brühe über die Nudeln gießen, Wakame-Algen, Tofu und je eine Eierhälfte in jede Schüssel geben. Mit Koriander, Frühlingszwiebeln und Furikake bestreuen, Sesamöl und Chiliöl dazu servieren.

NUDELTAUSCH // Spinat-Hirse-Nudeln (s. S. 30) // Soba-Nudeln

BURMESISCHE HÜHNER-KOKOS-SUPPE

Curryblätter sind eine unverzichtbare Zutat in dieser Version von »khao«, einer traditionellen burmesischen Suppe. Sie bekommen Curryblätter frisch oder tiefgekühlt in den meisten Asienläden.

ZUTATEN

250 g Hafernudeln
Sonnenblumenöl zum Schwenken
2 EL Kokosöl
1 kleine weiße Zwiebel, fein gehackt
1 Stück Ingwer (2,5 cm), fein gerieben
2 Knoblauchzehen, fein gehackt
350 g Hähnchenbrustfilet, gewürfelt
1 TL Chiliflocken
1 TL gemahlene Kurkuma
1 TL Kichererbsenmehl
1 Dose Kokosmilch (400 g)
500 ml Hühnerbrühe

Salz
1 Handvoll frische oder tiefgekühlte Curryblätter

Für die Toppings

240 ml Sonnenblumenöl
¼ weiße Zwiebel, fein geschnitten
2 Knoblauchzehen, fein geschnitten
2 hartgekochte Eier, halbiert
1 EL fein gehackte Korianderblätter
1 Limette, geviertelt

Für 4 Personen // Zeit: 1 Std. // milchfrei

ZUBEREITUNG

1 Die Nudeln nach Packungsangabe bissfest kochen. In ein Sieb abgießen, kalt abspülen und abtropfen lassen. In 1 Schuss Sonnenblumenöl schwenken, damit sie nicht zusammenkleben. Zum Abkühlen beiseitestellen.

2 Das Kokosöl in einem großen Topf mit schwerem Boden erhitzen. Die Zwiebel dazugeben und bei mittlerer Hitze 3 Minuten anschwitzen, bis sie weich ist, aber nicht bräunt. Ingwer und Knoblauch dazugeben und 1 Minute mitdünsten. Die Hähnchenbrustwürfel hinzufügen und unter häufigem Rühren 2 Minuten anbraten, bis sie rundherum nicht mehr glasig sind.

3 Chiliflocken und Kurkuma dazugeben und 1 Minute mitbraten, bis es duftet. Das Kichererbsenmehl untermischen, dann die Kokosmilch nach und nach unterrühren. Die Hühnerbrühe dazugießen und aufkochen. Die Curryblätter hinzufügen und die Temperatur reduzieren, bis die Brühe nur noch leicht köchelt. Zugedeckt 5 Minuten köcheln lassen, dann den Herd ausschalten und die Brühe ziehen lassen.

4 Als nächstes die Toppings frittieren. Dafür das Sonnenblumenöl in einem kleinen Topf stark erhitzen. Es ist heiß genug, wenn man ein kleines Nudelstück hineingibt und dieses sofort zu brutzeln anfängt. Eine Handvoll abgekühlte Nudeln gut trocken tupfen, vorsichtig in das heiße Öl geben und knusprig frittieren. Mit einem Schaumlöffel herausheben und auf einem mit Küchenpapier belegten Teller entfetten.

5 Auf die gleiche Weise die Zwiebel und danach den Knoblauch frittieren. Achtung, der Knoblauch braucht nur wenige Sekunden.

6 Die Suppe wieder erhitzen, die Curryblätter herausnehmen und wegwerfen. Die Nudeln gleichmäßig auf vier Servierschüsseln verteilen. Die Hähnchenwürfel ebenfalls gleichmäßig verteilen. Die Suppe darübergießen. Jede Portion mit einem halben Ei garnieren und mit frittierten Nudeln, Zwiebel und Knoblauch bestreuen. Mit gehacktem Koriander und 1 Limettenspalte servieren.

NUDELTAUSCH // Buchweizennudeln (s. S. 37) // Soba-Nudeln

BUCHWEIZEN-NUDELSUPPE MIT SHIITAKE-PILZEN

Dashi – japanische Brühe – lässt sich ganz einfach selbst zubereiten und ist eine wunderbar milde und zugleich wohlschmeckende Basis für Suppe. Diese vegetarische Dashi wird mit getrockneten und frischen Shiitakepilzen gemacht.

ZUTATEN

*1 Portion Buchweizenmehlteig (s. S. 37),
   zu Spaghetti geschnitten (s. S. 45)*

60 g frische Enokipilze

4 Frühlingszwiebeln, schräg in feine Ringe geschnitten

*8 kleine Blätter Seetang-Snack (Internethandel),
   in dünne Streifen geschnitten, zum Garnieren*

Für die Dashi

15 g getrocknete Kombu-Alge, in Stücke geschnitten

15 g getrocknete Shiitakepilze

*60 g frische Shiitakepilze, Stiele und Köpfe getrennt,
   Köpfe in dünne Scheiben geschnitten*

Salz

1 TL Reisessig

1 EL Sojasauce

Für 4 Personen // Zeit: 15 Min. + 1 Std. Einweichen // vegetarisch

ZUBEREITUNG

1 Für die Dashi die getrocknete Kombu-Alge, die getrockneten Shiitakepilze und die Stiele der frischen Shiitakepilze in einen Topf geben und mit 1,2 l kaltem Wasser bedecken. 1–3 Stunden einweichen lassen.

2 Die Brühe nach der Einweichzeit bei mittlerer Hitze bis fast zum Kochen bringen, aber kurz bevor sie aufkocht, vom Herd nehmen. Mit Salz würzen sowie Reisessig und Sojasauce dazugeben. Die Kombu-Alge herausnehmen und wegwerfen. Die Dashi abkühlen lassen. In ein mit Küchenpapier ausgelegtes Sieb abgießen, um die Shiitakepilze zu entfernen. Brühe dabei in einem zweiten Topf auffangen.

3 Die Buchweizenspaghetti in kochendem Salzwasser 3–4 Minuten bissfest kochen. In ein Sieb abgießen und unter fließendem kaltem Wasser abspülen.

4 Die Dashi in einem großen Topf bei mittlerer bis starker Hitze aufkochen. Enokipilze, Frühlingszwiebeln, Shiitakeköpfe und Nudeln hineingeben. Die Suppe nochmals aufkochen und köcheln lassen, bis die Nudeln heiß und die Pilze weich sind. Vom Herd nehmen und mit Salz abschmecken. Mit den Seetangstreifen garnieren und sofort servieren.

NUDELTAUSCH // Soba-Nudeln // Hirsenudeln

SCHARFE SHIRATAKI-NUDELSUPPE MIT PILZEN

Chiliöl und Zitronengras verleihen dieser Suppe ein feines scharfsaures Aroma. Die milden, festen Wolkenohrenpilze runden diese kräftige Suppe besonders angenehm ab.

ZUTATEN

15 g getrocknete Wolkenohrenpilze (Mu err)

2 EL Reisweinessig

2 EL Sojasauce

2 TL Chiliöl

1 Prise weißer Pfeffer

2 TL Speisestärke

1 TL Zucker

2 Päckchen Shirataki-Nudeln (à 200 g)

225 g Bambussprossen, abgetropft und in dünne Streifen geschnitten

Für die Suppenbasis

1,4 l Hühnerbrühe

1 Stängel Zitronengras, grob gehackt

4 Frühlingszwiebeln, fein geschnitten, grüne und weiße Teile getrennt

2 Knoblauchzehen, mit einer Messerklinge angequetscht

1 Stück Ingwer (2,5 cm), dünn geschnitten

1 Prise Chiliflocken

Für **4 Personen** // Zeit: **1 Std.** // **milchfrei**

ZUBEREITUNG

1 Für die Suppenbasis die Hühnerbrühe mit Zitronengras, den grünen Teilen der Frühlingszwiebeln, Knoblauch, Ingwer und Chiliflocken in einen Topf geben und die Brühe zum Kochen bringen. Die Temperatur reduzieren und die Brühe bei schwacher Hitze zugedeckt 15 Minuten köcheln lassen.

2 Inzwischen die getrockneten Pilze in eine hitzefeste Schüssel geben und mit kochendem Wasser bedecken. Mindestens 15 Minuten einweichen, dann in ein Sieb abgießen, gut abspülen und abtropfen lassen. Fein schneiden und bis zur Verwendung beiseitestellen.

3 Reisweinessig, Sojasauce, Chiliöl, weißen Pfeffer, Speisestärke und Zucker in einer kleinen Schüssel mischen.

4 Die fertige Suppenbasis durch ein Sieb in einen Topf gießen, die festen Zutaten entfernen, den Topf säubern und die Suppenbasis wieder hineingeben. Zum Kochen bringen und die Sojasaucenmischung einrühren. Die Temperatur reduzieren, die Pilze dazugeben und die Brühe zugedeckt bei schwacher Hitze 15 Minuten köcheln lassen, bis die Pilze weicher geworden sind, aber immer noch etwas Biss haben.

5 Die Shirataki-Nudeln in ein Sieb abgießen und unter fließendem kaltem Wasser gründlich abspülen. Gut abtropfen lassen und mit Küchenpapier trocken tupfen, um so viel Wasser wie möglich zu entfernen.

6 Shirataki-Nudeln und Bambussprossen in die Suppe geben und 2 Minuten darin erhitzen. Die Suppe nach Belieben mit Reisweinessig oder Chiliöl abschmecken. Gleichmäßig auf vier Servierschüsseln verteilen und mit den weißen Teilen der Frühlingszwiebeln bestreuen.

NUDELTAUSCH // dünne Reisnudeln // Glasnudeln // Kelp-Nudeln

KOKOSNUSS-GARNELEN-LAKSA

Eine aromatische Mischung aus Knoblauch, Chilischoten, Ingwer und Zitronengras bildet die wohlschmeckende Basis für diese ergiebige und scharfe Nudelsuppe, deren Ursprung in Südostasien liegt.

ZUTATEN

2 EL Kokosöl

1 Dose Kokosmilch (400 g)

500 ml Fischbrühe

4 frische oder tiefgekühlte Limettenblätter, grob zerrissen

150 g Glasnudeln

225 g rohe Garnelen, geschält, vom Darm befreit und längs halbiert

1 EL Limettensaft

2 TL Fischsauce

1 Prise Zucker

1 EL fein gehackte Korianderblätter

2 Frühlingszwiebeln, schräg in feine Ringe geschnitten

1 Limette, geviertelt, zum Servieren

Für die Gewürzpaste

2 Stängel Zitronengras, geputzt, zarte Teile fein gehackt

1 rote Chilischote, entkernt und gehackt

2 Knoblauchzehen, gehackt

1 Stück Ingwer (2,5 cm), geschält und gehackt

1 EL grob gehacktes Koriandergrün

¼ rote Zwiebel, grob gehackt

4 EL Sonnenblumenöl

Für **4 Personen** // Zeit: **45 Min.** // milchfrei // glutenfrei

ZUBEREITUNG

1 Für die Gewürzpaste alle Zutaten in die Schüssel der Küchenmaschine oder einen leistungsstarken Mixer geben und glatt mixen. (Zitronengras ist sehr hart und schwierig zu zerkleinern, verwenden Sie also nur die zarten inneren Teile.)

2 Das Kokosöl in einem großen Topf mit schwerem Boden erhitzen. Die Gewürzpaste darin 2–3 Minuten andünsten, bis sie etwas dunkler wird und beginnt, sich zu trennen.

3 Die Kokosmilch nach und nach unterrühren. Fischbrühe und Limettenblätter hinzufügen und die Flüssigkeit einmal aufkochen. Die Temperatur reduzieren und alles zugedeckt 10 Minuten sanft köcheln lassen.

4 Inzwischen die Nudeln in eine große hitzefeste Schüssel geben und mit kochendem Wasser bedecken. 5 Minuten einweichen lassen, in ein Sieb abgießen, unter fließendem kaltem Wasser abspülen, abtropfen lassen und beiseitestellen.

5 Wenn die Brühe fertig ist, die Limettenblätter herausnehmen und wegwerfen. Die Garnelen dazugeben und bei mittlerer Hitze nur so lange kochen, bis sie rot werden und sich einrollen. Limettensaft, Fischsauce und Zucker dazugeben.

6 Die Nudeln gleichmäßig auf vier Servierschüsseln verteilen. Die Suppe und die Garnelen ebenfalls gleichmäßig darauf verteilen. Mit Korianderblättern und Frühlingszwiebeln bestreut servieren. Die Limettenspalten extra dazu reichen.

NUDELTAUSCH // dünne Reisnudeln

HÜHNERSUPPE MIT SÜSS-KARTOFFEL-VERMICELLI

Bei dieser Suppe lässt man die Hühner-schenkel in der Brühe abkühlen, denn so wird das Fleisch besonders zart und aromatisch. Wenn Sie es gerne richtig scharf mögen, garnieren Sie die Suppe mit roten Chilischoten oder mit Chili-Knoblauch-Sauce.

ZUTATEN

115 g Süßkartoffel-Vermicelli (Asienladen)

Für die Suppenbasis

2 ganze Hähnchenschenkel mit Haut und Knochen

2 ganze Sternanis

1 Zimtstange

1 TL Koriandersamen

1 TL schwarze Pfefferkörner

1 TL Salz

2 TL brauner Zucker

2 EL Fischsauce

1 kleine Zwiebel, geschält und geviertelt

1 Stück Ingwer (7,5 cm), klein geschnitten

1 kleine Handvoll Koriandergrün, grob gehackt

Zum Servieren

175 g Sojabohnensprossen

4 Frühlingszwiebeln, geputzt und schräg in feine Ringe geschnitten

1 große Handvoll Korianderblätter

1 große Handvoll Minzeblätter

1 große Handvoll Thai-Basilikum-Blätter

Fischsauce (nach Belieben)

Für 4 Personen // Zeit: 55 Min. + 2 Std. Abkühlen // milchfrei // glutenfrei

ZUBEREITUNG

1 Für die Suppenbasis die Hähnchenschenkel mit der Hautseite nach oben in einen großen Topf mit schwerem Boden legen. Mit 1,7 l Wasser bedecken und alle anderen Zutaten hinzufügen. Zum Kochen bringen und den entstehenden Schaum abschöpfen.

2 Die Temperatur reduzieren und alles zugedeckt 20 Minuten sanft köcheln lassen. Den Herd ausstellen und die Hähnchenschenkel etwa 2 Stunden in der Brühe abkühlen lassen, mindestens aber so lange, bis man sie gut anfassen kann.

3 Hähnchenschenkel herausnehmen und ganz abkühlen lassen. Die Brühe in ein Sieb abgießen und auffangen, die festen Zutaten entfernen, den Topf säubern und die Brühe wieder hineingeben. Die abgekühlten Hähnchenschenkel häuten, das Fleisch von den Knochen lösen und mit den Fingern klein zupfen.

4 Die Nudeln in eine hitzefeste Schüssel legen und mit kochendem Wasser bedecken. Mindestens 15 Minuten ziehen lassen, bis sie weich sind. (Die Nudeln können auch problemlos so lange im Wasser bleiben, bis die Suppe servierfertig ist.)

5 Die Brühe wieder zum Kochen bringen. Das Hähnchenfleisch dazugeben und 1–2 Minuten erhitzen. Die Nudeln abgießen und gleichmäßig auf vier Schüsseln verteilen. Die Brühe und das Hähnchenfleisch ebenfalls gleichmäßig auf die Schüsseln verteilen.

6 Sojabohnensprossen, Frühlingszwiebeln, Koriander-, Minze- und Basilikumblätter auf einem Teller anrichten. Die Suppe sofort servieren, die Platte mit den Extras dazu servieren und nach Belieben Fischsauce zum Nachwürzen dazu reichen.

NUDELTAUSCH // dünne Reisnudeln // Glasnudeln // Kelp-Nudeln

CALDO VERDE MIT QUINOA-SPIRALEN

Diese Suppe aus Portugal wird traditionell mit Linguiça, einer scharfen geräucherten und getrockneten Wurst gemacht. Wenn Sie keine Linguiça bekommen, können Sie auch Chorizo verwenden.

ZUTATEN

225 g Quinoafusilli

4 EL Olivenöl, plus etwas zum Schwenken

1 kleine Zwiebel, fein gehackt

3 Knoblauchzehen, zerdrückt

*175 g Linguiça-Wurst (etwa 3 Stück),
Pelle entfernt, Füllung fein gewürfelt*

*175 g Kartoffeln, geschält, halbiert und
in feine Scheiben geschnitten*

1,5 l Hühner- oder Gemüsebrühe

Salz und frisch gemahlener schwarzer Pfeffer

*225 g Grünkohl, Blätter von den Stielen gezupft
und fein gehackt*

1 Prise Räucherpaprikapulver

Für 4–6 Personen // **Zeit: 50 Min.** // **milchfrei** // **glutenfrei**

ZUBEREITUNG

1 Die Nudeln nach Packungsangabe bissfest kochen. In ein Sieb abgießen, gründlich unter fließendem kaltem Wasser abspülen und zum Abkühlen beiseitestellen. Die abgekühlten Nudeln in 1 Schuss Olivenöl schwenken.

2 In einem großen Topf mit schwerem Boden 3 EL Olivenöl erhitzen. Die Zwiebel dazugeben und bei mittlerer Hitze 2–3 Minuten unter gelegentlichem Rühren anschwitzen, bis sie weich ist, aber nicht bräunt.

3 Knoblauch und Linguiça dazugeben und 2–3 Minuten braten, bis das Fett aus der Wurst austritt. Anschließend die Kartoffeln unterrühren.

4 Die Hühner- oder Gemüsebrühe dazugießen und zum Kochen bringen. Mit etwas Salz und schwarzem Pfeffer abschmecken. Die Temperatur reduzieren, den Deckel auflegen und alles mindestens 20 Minuten köcheln lassen, bis die Kartoffeln gar sind und beginnen zu zerfallen.

5 Die Kartoffeln mit einem Kartoffelstampfer in der Suppe zerdrücken, bis die Suppe glatt und eingedickt ist. Den Grünkohl dazugeben und 5 Minuten mitkochen, bis er weich ist. Die Nudeln hinzufügen und 1–2 Minuten erhitzen.

6 Das restliche Olivenöl (1 EL) in einem kleinen Topf mit schwerem Boden erhitzen. Den Topf vom Herd nehmen und das Räucherpaprikapulver einrühren. Die Suppe gleichmäßig auf die Schüsseln verteilen, mit ein paar Tropfen scharfem Paprikaöl beträufeln und sofort servieren.

NUDELTAUSCH // Einkornfusilli // Rote-Linsen-Fusilli

NUDEL
SALATE

THAI-NUDEL-SALAT MIT PAPAYA & LOTUSWURZEL

Es ist wirklich ganz einfach, Gemüse selbst einzulegen, und dessen frische, scharfe Aromen können ein Gericht perfekt abrunden. Lotuswurzel eignet sich sehr gut, aber es gelingt auch mit normalem Rettich.

ZUTATEN

225 g Glasnudeln

225 g unreife Papaya oder unreife Mango, in dünne Streifen geschnitten

2 Möhren, in dünne Streifen geschnitten

½ kleine rote Zwiebel, sehr fein geschnitten

2 unreife Tomaten, halbiert und in sehr dünne Spalten geschnitten

2 EL getrocknete Shrimps, sehr fein gehackt oder im Mörser zerkrümelt

1 Handvoll Minzeblätter, grob gehackt

1 Handvoll Korianderblätter, grob gehackt

2 EL gesalzene Erdnusskerne, grob gehackt

Für den eingelegten Lotus

1 Lotuswurzel, geschält und dünn geschnitten (etwa 100 g; Asienladen)

120 ml Reisweinessig

50 g Zucker

1 TL feines Meersalz

Für das Dressing

4 TL Zucker

4 EL Limettensaft

2 EL Fischsauce

2 EL Reisweinessig

1 Knoblauchzehe, zerdrückt

Für 6 Personen // Zeit: 30 Min. + 24 Std. Einlegen // milchfrei

ZUBEREITUNG

1 Für die eingelegte Lotuswurzel die Wurzel zunächst 20–30 Minuten in kaltem Wasser einweichen. Abgießen und in sprudelnd kochendem Wasser 1–2 Minuten blanchieren. Erneut abgießen, mit kaltem Wasser abschrecken und die Scheiben in ein kleines Schraubglas legen. Reisweinessig, Zucker und Salz mit einem Schneebesen verrühren, bis der Zucker sich aufgelöst hat. Diese Mischung über die Lotuswurzel gießen, das Glas veschließen und mindestens 1 Tag – höchstens 5 Tage – bis zum Gebrauch kühl stellen.

2 Für das Dressing alle Zutaten und 2 EL Wasser in einer kleinen Schüssel mit einem Schneebesen verquirlen, bis sich der Zucker aufgelöst hat.

3 Die Nudeln in eine hitzefeste Schüssel geben und mit kochendem Wasser bedecken. 15 Minuten ziehen lassen, bis sie weich sind. In ein Sieb abgießen und gut mit kaltem Wasser abspülen. Dann mit der Küchenschere in mundgerechte Stücke schneiden und zum Abkühlen und Abtropfen beiseitestellen.

4 Die abgekühlten Nudeln in einer großen Schüssel mit dem fein geschnittenen Gemüse, den getrockneten Shrimps und dem Großteil der gehackten Kräuter sowie den Erdnusskernen mischen. Das Dressing hinzufügen und gründlich mit allen Zutaten mischen.

5 Den Salat in eine Servierschüssel geben und mit den restlichen Kräutern und Erdnusskernen bestreuen. Mit den eingelegten Lotuswurzelscheiben garnieren und sofort servieren, eventuell übriges Dressing und übrige Lotuswurzelscheiben extra dazu reichen.

NUDELTAUSCH // dünne Reisnudeln // Shirataki-Nudeln

REGEN-BOGEN-BOWL MIT INGWER-DRESSING

Um die optische Wirkung der farben-frohen frischen Zutaten zu verstärken, richten Sie das Gemüse in diesem Salat nebeneinander an und reichen das Dressing extra dazu, sodass sich jeder am Tisch bedienen kann.

ZUTATEN

2 dicke Möhren, geputzt und geschält

1 Rote Bete, geschält

½ Gurke, geputzt

2 kleine Sommerkürbisse oder gelbe Möhren, geputzt

1 TL schwarzer Sesam zum Garnieren

Korianderblätter zum Garnieren

Limettenhälften zum Servieren

Für das Dressing

2 EL Sonnenblumenöl

2 EL Limettensaft

2 TL Sesamöl

2 TL Sojasauce

1 TL Honig

1 Knoblauchzehe, zerdrückt

1 Stück Ingwer (2,5 cm), geschält und fein gerieben

½ kleine Schalotte, fein gehackt

Für **4 Personen** // Zeit: **10 Min.** // **milchfrei** // **vegetarisch**

ZUBEREITUNG

1 Für das Dressing alle Zutaten in einer kleinen Schüssel mit einem Schneebesen gründlich verquirlen. Wenn die Sauce perfekt emulgiert sein soll, die Zutaten in einem kleinen Mixer oder in der Küchenmaschine mixen.

2 Möhren, Rote Bete, Gurke und Sommerkürbis in Spiralen schneiden. Die Gemüsespiralen so auf vier Schalen verteilen, dass sich schöne Farbkontraste ergeben. Mit Sesam und Korianderblättern bestreuen. Die Bowls servieren, das Dressing und die Limetten-hälften extra dazu reichen.

SHIRATAKI-GARNELEN-SOMMER-ROLLEN

Diese leichten und leckeren Rollen werden mit Shirataki-Nudeln, Garnelen und frischen Kräutern gefüllt, aber hier sind Ihrer Fantasie keine Grenzen gesetzt. Kombinieren Sie nach Belieben auch mal buntes, knackiges Gemüse.

ZUTATEN

8 Reispapierblätter (15 cm groß)

16 große gegarte Garnelen, der Länge nach halbiert

1 kleine Handvoll Korianderblätter

1 kleine Handvoll Minzeblätter

1 kleine Handvoll Thai-Basilikumblätter

2 Päckchen Shirataki-Nudeln (à 200 g), abgegossen, abgespült und getrocknet

1 große Möhre, in dünne Streifen geschnitten

4 Frühlingszwiebeln, in dünne Streifen geschnitten

1 kleine Handvoll Erbsensprossen

Für den Dip

2 EL Zucker

1 ½ EL Fischsauce

1 EL Reisweinessig

Saft von 1 Limette

½ Knoblauchzehe, zerdrückt

1 Prise Chiliflocken

Für 8 Rollen // Zeit: 30 Min. // milchfrei // glutenfrei

ZUBEREITUNG

1 Für den Dip den Zucker und 2 EL Wasser in einem kleinen Topf unter häufigem Rühren erhitzen, bis der Zucker sich aufgelöst hat. Vom Herd nehmen und abkühlen lassen. Die übrigen Zutaten dazugeben und mit einem Schneebesen unterrühren, bis sich alles gut vermischt hat.

2 Eine große Schüssel mit warmem Wasser füllen. 1 Reisblatt 10–15 Sekunden ganz hineintauchen, bis es gerade anfängt weich zu werden. Überschüssiges Wasser abschütteln und das Reisblatt auf die Arbeitsfläche legen.

3 Dann 2 Garnelenhälften mittig auf das Reisblatt legen. Mit einigen Koriander-, Minze- und Basilikumblättern bedecken. Ein paar Shirataki-Nudeln, einige Möhren- und Frühlingszwiebelstreifen sowie ein paar Erbsensprossen darauf verteilen, die Ränder des Reisblattes müssen dabei frei bleiben. Zum Schluss wieder 2 Garnelenhälften darauflegen.

4 Das Reisblatt sollte jetzt weich und gut zu formen sein, ohne zu reißen. Die am nächsten liegende Seite des Reispapierblatts über die Füllung legen, die rechte und die linke Seite darüberfalten und das Ganze dann zur vierten Seite hin aufrollen, dabei die Seiten immer wieder nach innen stecken, damit die Füllung nicht herausfallen kann. Die fertige Rolle auf einen Teller legen, mit einem feuchten Küchentuch bedecken und kühl stellen. Weitere 7 Rollen wie in Schritt 2 bis 4 beschrieben zubereiten und jeweils kühl stellen.

5 Die fertigen Rollen anrichten und sofort servieren, den Dip in einer kleinen Schüssel extra dazu reichen.

GURKEN-NUDEL-SALAT MIT ZAZIKI

Dieser Salat aus Gurkenspiralen wird mit einem Dressing aus Joghurt, Knoblauch und Minze herrlich frisch gewürzt. Er passt wunderbar zu gegrilltem Lamm mit Kräutern oder kurz gegrilltem Lachs.

ZUTATEN

2 Gurken, in Spiralen geschnitten

2 Knoblauchzehen, zerdrückt

240 g griechischer Joghurt

2 TL heller Essig

1 EL Olivenöl

*1 Handvoll Minzeblätter,
  fein gehackt, plus mehr
  zum Garnieren*

*1 EL fein gehackter Dill,
  plus mehr zum Garnieren*

*abgeriebene Schale von ½ kleinen
  Bio-Zitrone*

*Salz und frisch gemahlener
  schwarzer Pfeffer*

Für 4 Personen // Zeit: 15 Min. + 1 Std. Kühlen // glutenfrei // vegetarisch

ZUBEREITUNG

1 Die Gurkenspiralen in ein großes Sieb geben und mit ½ TL Salz mischen. Das Sieb über eine Schüssel hängen und in den Kühlschrank stellen. 1 Stunde abtropfen lassen.

2 Inzwischen den Knoblauch unter den Joghurt rühren und die Mischung zugedeckt kühl stellen.

3 Die Gurkenspiralen kurz mit kaltem Wasser abspülen und etwas ausdrücken. In ein sauberes Geschirrtuch geben und vorsichtig so viel Wasser wie möglich herausdrücken. Die Gurkenspiralen in eine große Schüssel geben und mit der Küchenschere in mundgerechte Stücke schneiden.

4 Essig, Olivenöl, Minze, Dill und Zitronenschale unter den Joghurt rühren. Mit Pfeffer abschmecken. Den Joghurt mit den Gurkennudeln mischen und mit Salz und Pfeffer abschmecken. Den Salat auf eine Servierplatte geben, mit Minze und Dill garnieren und sofort servieren.

SHIRATAKI-ALGEN-SALAT MIT EINGELEGTEM GEMÜSE

Dieses Rezept ist inspiriert von einem japanischen Algensalat: Shirataki-Nudeln werden mit eingelegtem Rettich, Möhren, Gurke und Zwiebel zu einem etwas gehaltvolleren Salat gemischt.

ZUTATEN

1 EL Hijiki-Algen (Internethandel)

2 Päckchen Shirataki-Nudeln (à 200 g)

Nori Furikake (jap. Gewürz-mischung), zum Servieren

Für das eingelegte Gemüse

120 ml Reisweinessig

50 g weißer Zucker

1 TL feines Salz

1 Knoblauchzehe, zerdrückt

1 TL fein geriebener Ingwer

4 Radieschen, in dünne Streifen geschnitten

2 Möhren, in dünne Streifen geschnitten

¼ kleine rote Zwiebel, fein geschnitten

1 Stück Gurke (10 cm), entkernt und in dünne Streifen geschnitten

1 Stück Daikon-Rettich (5 cm), in dünne Streifen geschnitten

Für **4 Personen** // Zeit: **35 Min. + 1 Std. Einlegen** // milchfrei // glutenfrei

ZUBEREITUNG

1 Für das eingelegte Gemüse Reisweinessig, Zucker, Salz, Knoblauch und Ingwer in einer kleinen Schüssel mit einem Schneebesen verquirlen, bis sich der Zucker aufgelöst hat. In einer großen Schüssel Radieschen, Möhren, Zwiebel, Gurke und Daikon-Rettich vermischen und die Einlegeflüssigkeit dazugießen. Zugedeckt mindestens 1 Stunde kalt stellen, dabei gelegentlich durchmischen.

2 Die Algen in eine kleine hitzefeste Schüssel geben und mit kochendem Wasser bedecken. 10 Minuten einweichen oder so lange, bis sie weich geworden sind. In ein Sieb abgießen, kalt abspülen und abtropfen lassen. Mit Küchenpapier trocken tupfen und beiseitestellen.

3 Wasser in einem Topf zum Kochen bringen. Die Shirataki-Nudeln in ein Sieb geben und gründlich unter fließendem kaltem Wasser abspülen. Kurz in das kochende Wasser geben, dann wieder abgießen, mit kaltem Wasser abspülen und mit Küchenpapier trocken tupfen. Mit der Küchenschere in mund-gerechte Stücke schneiden.

4 Nudeln und Algen zum eingelegten Gemüse geben und alle Zutaten gut vermengen, damit sich die Aromen mischen. In eine Servierschüssel umfüllen, dabei überschüssige Einlege-flüssigkeit in der Rührschüssel belassen. Vor dem Servieren mit etwas Furikake bestreuen.

NUDELTAUSCH // Glasnudeln // Kelp-Nudeln

HÄHNCHEN-NUDEL-SALAT »VIETNAM«

Dieser erfrischende Nudelsalat basiert auf dem traditionellen »bún« aus Vietnam. Er wird mit einem pfiffigen Zitrusdressing angemacht und mit Hähnchenfleisch garniert, das mit Ingwer und Zitronengras gewürzt wurde.

Für 4 Personen // Zeit: 1 Std. + 2 Std. Marinieren // milchfrei

ZUTATEN

4 große Hähnchenschenkel (ohne Haut und Knochen)

300 g Vermicelli (dünne Reisnudeln)

1 Römersalatherz, geputzt und klein geschnitten

¼ Gurke, in Spiralen geschnitten

1 große, dicke Möhre, in Spiralen geschnitten

2 große Handvoll Sojabohnensprossen

4 Frühlingszwiebeln, fein geschnitten

1 Handvoll Minzeblätter

1 Handvoll Thai-Basilikum

2 gehäufte EL gesalzene Erdnüsse, grob gehackt

Für die Marinade

1 großer Stängel Zitronengras, geschält, geputzt und fein gehackt

1 Stück Ingwer (1,5 cm), geschält und grob gehackt

1 Knoblauchzehe, grob gehackt

1 EL grob gehacktes Koriandergrün

2 EL Sonnenblumenöl

1 EL Limettensaft

2 TL brauner Zucker

2 TL Sojasauce

2 TL Fischsauce

Für das Dressing

2 EL Zitronensaft

4 TL Fischsauce

3 TL Zucker

1 Knoblauchzehe, zerdrückt

1 Prise weißer Pfeffer

ZUBEREITUNG

1 Für die Marinade alle Zutaten in die Schüssel der Küchenmaschine geben und zügig zu einer glatten Masse mixen.

2 Die Hähnchenschenkel mit einer Teigrolle oder einem Fleischklopfer bearbeiten, bis sie gleichmäßig flach sind. In eine flache Schale legen und die Marinade darüber-gießen. Die Marinade mit den Händen in das Hähnchen einmassieren. Zugedeckt mindestens 2 Stunden – bis zu 12 Stunden – im Kühlschrank marinieren.

3 Für das Dressing alle Zutaten mit einem Schneebesen verrühren, bis der Zucker sich aufgelöst hat. 4 EL kaltes Wasser unterschlagen und das Dressing beiseitestellen.

4 Die Nudeln in eine große hitzefeste Schüssel geben und mit kochendem Wasser bedecken. Etwa 15 Minuten ziehen lassen, bis sie weich sind. Abgießen, mit kaltem Wasser abspülen, abtropfen und abkühlen lassen.

5 Den Backofengrill einschalten. Ein großes, tiefes Backblech mit Alufolie belegen und die marinierten Hähnchenschenkel nebeneinander darauflegen. Die Hähnchenschenkel auf jeder Seite 5–7 Minuten grillen, bis sie dunkelbraun sind und an manchen Stellen knusprig. Zum Abkühlen beiseitestellen.

6 Den Salat gleichmäßig auf vier Schüsseln verteilen. Jeweils ein Viertel der Nudeln, der Gurken- und Möhren-spiralen und der Sojabohnensprossen darauf anrichten. Die Zutaten in jeder Schüssel nur leicht mischen.

7 Die Hähnchenschenkel schräg in Scheiben schneiden und auf die Schüsseln verteilen. Mit Frühlingszwiebeln, Minze, Basilikum und gehackten Erdnüssen bestreuen. Den Salat sofort servieren, das Dressing dazu reichen.

NUDELTAUSCH // Glasnudeln // Shirataki-Nudeln

ROTE-LINSEN-FUSILLI MIT OLIVEN & SARDELLEN

Hier wird Zitronensaft mit frischem Basilikum und Olivenöl zu einem leuchtend grünen, pfiffigen Dressing vermischt. Die perfekte Würze für die erdigen Nudeln, die beim Kochen ihre rote Farbe verlieren. Die Castelvetrano-Oliven krönen den Salat mit ihrem unwiderstehlichen, feinsüßlichen Aroma.

ZUTATEN

400 g Rote-Linsen-Fusilli

12 grüne Castelvetrano-Oliven, entsteint und längs in Streifen geschnitten (alternativ grüne Oliven)

2 EL Kapern, fein gehackt

Für das Dressing

240 ml Olivenöl

1 Dose Sardellen (50 g)

abgeriebene Schale von 1 großen oder 2 kleinen Bio-Zitronen

1 EL Zitronensaft

60 g Basilikumblätter, plus mehr zum Garnieren

Salz und frisch gemahlener schwarzer Pfeffer

Für **4 Personen** // Zeit: **20 Min.** // **milchfrei** // **glutenfrei**

ZUBEREITUNG

1 Die Nudeln nach Packungsangabe bissfest kochen. In ein Sieb abgießen, unter fließendem kaltem Wasser abspülen und zum Abtropfen und Abkühlen beiseitestellen.

2 Für das Dressing Olivenöl, Sardellen, Zitronenschale und -saft sowie die Basilikumblätter im Mixer oder in der Küchenmaschine vermengen. Mit reichlich Pfeffer und wenig Salz abschmecken. Mixen, bis eine glatte Mischung entsteht und nur noch kleine Basilikumstückchen zu sehen sind. Nochmals mit Salz und Pfeffer abschmecken.

3 Die abgekühlten Nudeln und das Dressing in einer großen Schüssel gut vermengen. Oliven und Kapern dazugeben und untermischen. Den Salat mit dem restlichen Basilikum garnieren und sofort servieren.

NUDELTAUSCH // Grüne-Linsen-Muschelnudeln // Kichererbsenfusilli

GRÜNTEE-SOBA-NUDELN MIT SESAM & THUNFISCH

Dieser kühle, erfrischende Salat eignet sich als feine Vorspeise oder als leichter Hauptgang. Für eine vegane Variante ersetzen Sie den Thunfisch durch gegrillte Pilze. Soll der Salat glutenfrei sein, verwenden Sie glutenfreie Sojasauce.

ZUTATEN

300 g Grüntee-Soba-Nudeln (Asienladen)

2 EL Hijiki-Algen, eingeweicht und abgetropft

1 Stück Gurke (10 cm), längs geviertelt, entkernt und in dünne Streifen geschnitten

115 g Enokipilze

4 Frühlingszwiebeln, in dünne Streifen geschnitten

4 EL gemischter weißer und schwarzer Sesam

4 Thunfischsteaks (à 175 g)

2 EL Sonnenblumenöl

Salz und frisch gemahlener schwarzer Pfeffer

Für das Dressing

3 EL Mirin (süßer jap. Reiswein)

2 EL Sojasauce

2 TL Sesamöl

1 TL Zucker

Für 4 Personen // Zeit: 25 Min. + 30 Min. Kühlen // milchfrei

ZUBEREITUNG

1 Die Nudeln nach Packungsangabe bissfest kochen. In ein Sieb abgießen, unter fließendem kaltem Wasser abspülen, bis sie abgekühlt sind. Zum Abtropfen beiseitestellen, falls nötig, mit Küchenpapier trocken tupfen.

2 Für das Dressing alle Zutaten in einer großen Schüssel mit einem Schneebesen kräftig verquirlen, bis sich der Zucker aufgelöst hat.

3 Nudeln, Algen, Gurke, Enokipilze und den Großteil der Frühlingszwiebeln in die Schüssel mit dem Dressing geben. Alle Zutaten gründlich vermischen und das Ganze mindestens 30 Minuten kühl stellen.

4 Den Großteil des Sesams auf einen kleinen Teller geben. Die Außenseiten der Thunfischsteaks mit etwas Sonnenblumenöl bestreichen, kräftig mit Salz und Pfeffer würzen und anschließend in dem Sesam wälzen. Das restliche Sonnenblumenöl in einer großen beschichteten Pfanne erhitzen. Die Thunfischsteaks hineinlegen und bei mittlerer Hitze auf jeder Seite je nach Dicke der Steaks 2–3 Minuten medium-rare braten.

5 Die Nudeln mit dem Dressing auf vier flache Schalen verteilen, nach Belieben mit etwas Sojasauce und Sesamöl würzen. Die Thunfischsteaks in Scheiben schneiden und auf den Nudeln anrichten. Das Ganze mit den restlichen Frühlingszwiebeln und dem Sesam bestreuen. Sofort servieren, Sojasauce zum Nachwürzen extra dazu reichen.

NUDELTAUSCH // Buchweizenspaghetti (s. S. 37) // Soba-Nudeln

QUINOA-NUDELSALAT MIT BURRATA, BASILIKUM & TOMATEN

Im Hochsommer, wenn die Tomaten reif sind und vor Aroma nur so strotzen, schmeckt diese rohe Sauce aus Tomaten, Basilikum und Knoblauch unwiderstehlich. Der Salat ist eine schnelle Mahlzeit für den Feierabend.

ZUTATEN

225 g Quinoa-Muschelnudeln

6 Eiertomaten

1 Knoblauchzehe, zerdrückt

3 EL Olivenöl, plus mehr zum Schwenken

1 Handvoll Basilikumblätter, plus mehr zum Garnieren

Salz und frisch gemahlener schwarzer Pfeffer

115 g Burrata-Käse, grob gezupft

1 Prise abgeriebene Bio-Zitronenschale

Für 4 Personen // Zeit: 25 Min. // glutenfrei // vegetarisch

ZUBEREITUNG

1 Die Nudeln nach Packungsangabe bissfest kochen. In ein Sieb abgießen und unter fließendem kaltem Wasser abspülen. Gründlich abtropfen lassen, in 1 Schuss Olivenöl schwenken, damit sie nicht zusammenkleben, und zum Abkühlen beiseitestellen.

2 Die Tomaten an mehreren Stellen mit einem Messer etwas einritzen und in eine hitzefeste Schüssel legen. Mit kochendem Wasser bedecken und 1 Minute darin liegen lassen. Das Wasser abgießen. Sobald die Tomaten soweit abgekühlt sind, dass man sie anfassen kann, die Haut abziehen (sie löst sich an den Schnitten). Die Tomaten halbieren und ausdrücken, dabei die Flüssigkeit und die meisten Samen entfernen. Die Tomaten grob hacken und in die Küchenmaschine geben.

3 Knoblauch, Olivenöl und Basilikum dazugeben und alles mit reichlich Salz und Pfeffer würzen. Zu einer stückigen Sauce mixen und nochmals abschmecken.

4 Die abgekühlten Nudeln, die Tomatensauce und den Großteil des klein gezupften Burrata-Käses mischen. In eine Servierschüssel umfüllen und mit dem restlichen Burrata-Käse, der Zitronenschale und ein paar klein gezupften Basilikumblättern garnieren. Sofort servieren.

NUDELTAUSCH // Mais-Orecchiette (s. S. 38) // Naturreismuschelnudeln // Maismuschelnudeln

SHIRATAKI-NUDELSALAT MIT ERDNUSS & CHILIÖL

Das Erdnussdressing für diesen Salat aus Nudeln und knackigem Gemüse ist einfach umwerfend gut. Mögen Sie es schärfer, nehmen Sie mehr Chili, für extra Säure mehr Limettensaft.

ZUTATEN

2 Päckchen Shirataki-Nudeln (à 200 g)

¼ rote Paprikaschote, entkernt und in dünne Streifen geschnitten

1 große Möhre, in dünne Streifen geschnitten

60 g Weißkohl, in dünne Streifen geschnitten

¼ kleine rote Zwiebel, sehr fein geschnitten

1 Handvoll Korianderblätter, gehackt

1 Handvoll Thai-Basilikum, gehackt

1 EL gesalzene Erdnüsse, grob gehackt

Für das Dressing

30 g cremige Erdnussbutter

1 EL Limettensaft

1 EL Reisweinessig

½ EL Sojasauce

½ EL Sesamöl

1 Knoblauchzehe, grob gehackt

1 Stück Ingwer (2,5 cm), grob gehackt

½ TL Chiliöl

1 Prise Zucker

Für **4–6 Personen** // Zeit: **35 Min.** // **milchfrei** // **vegetarisch**

ZUBEREITUNG

1 Wasser in einem Topf zum Kochen bringen. Die Shirataki-Nudeln in ein Sieb geben und gründlich unter fließendem kaltem Wasser abspülen. Kurz in das kochende Wasser tauchen, wieder in das Sieb abgießen und mit kaltem Wasser abspülen. Mit Küchenpapier trocken tupfen, dabei so viel Wasser wie möglich entfernen.

2 Für das Dressing alle Zutaten und 2 EL kaltes Wasser in einen Mixer geben und zu einem glatten Dressing mixen. Beiseitestellen. Wenn Ihr Mixer so kleine Mengen nicht zerkleinern kann, können Sie Knoblauch und Ingwer auch sehr fein reiben und von Hand gründlich mit den anderen Zutaten verquirlen.

3 Die Nudeln in eine große Schüssel geben und mit der Küchenschere in mundgerechte Stücke schneiden. Mit dem Dressing mischen. Paprikaschote, Möhre, Weißkohl, Zwiebel, Koriander, Basilikum und Erdnüsse hinzufügen, dabei etwas Koriander, Basilikum und ein paar Erdnüsse zum Garnieren beiseitelegen. Alles gut mischen. Den Salat in eine Servierschüssel umfüllen und mit den beiseitegelegten Kräutern und Erdnüssen garnieren. Sofort servieren.

NUDELTAUSCH // dünne Reisnudeln // Glasnudeln

KELP-NUDEL-SALAT MIT GARNELEN

Minze und Koriander verleihen diesem erfrischenden Salat eine feine Kräuternote. Dazu wird er köstlich angemacht mit einem pikanten Dressing aus Zitrussäften und garniert mit zarten Garnelen und knackigem Gemüse.

ZUTATEN

300 g Kelp-Nudeln
60 g Weißkohl, fein geschnitten
60 g Zuckerschoten, geputzt und
  der Länge nach fein geschnitten
1 Handvoll Erbsensprossen
1 Handvoll zarte Rucolablätter
60 g rote Zwiebel, sehr fein geschnitten
225 g gegarte Garnelen, der Länge nach halbiert
2 EL grob gehackte Korianderblätter
2 EL grob gehackte Minzeblätter

Für das Dressing

4 EL Orangensaft
2 EL Zitronensaft
2 EL Limettensaft
2 TL Reisweinessig
2 TL Fischsauce
1 TL Zucker

Für **4** Personen // Zeit: **40** Min. // milchfrei // glutenfrei

ZUBEREITUNG

1 Die Kelp-Nudeln in ein Sieb geben und mindestens 30 Sekunden unter fließendem kaltem Wasser abspülen. In eine hitzefeste Schüssel umfüllen und mit kochendem Wasser bedecken. 30 Minuten einweichen, dann abgießen und wieder kalt abspülen, bis sie abgekühlt sind. Abtropfen lassen und mit Küchenpapier trocken tupfen. Mit der Küchenschere in mundgerechte Stücke schneiden.

2 Für das Dressing alle Zutaten in einer kleinen Schüssel mit einem Schneebesen kräftig verquirlen, bis der Zucker sich aufgelöst hat.

3 Die Nudeln und den Großteil des Dressings in eine große Schüssel geben. Das Dressing mit den Händen in die Kelp-Nudeln einmassieren, damit sie weicher werden.

4 Weißkohl, Zuckerschoten, Erbsensprossen, Rucola und Zwiebel hinzufügen und gut mit den Nudeln vermischen. Garnelen, Koriander und Minze dazugeben und nochmals kurz mischen. Den Salat sofort servieren und das restliche Dressing extra dazu reichen.

NUDELTAUSCH // Shirataki-Nudeln // dünne Reisnudeln // Glasnudeln

CAESAR-NUDELSALAT MIT SARDELLEN-CROÛTONS

Einkorn-Fusilli haben eine ziemlich feste Konsistenz, die geradezu ideal ist, um die kräftigen, säuerlichen Aromen des Caesar-Dressings aufzunehmen.

ZUTATEN

300 g Einkornfusilli

Olivenöl zum Schwenken

115 g Römersalatherzen,
von äußeren Blättern befreit und
klein geschnitten

30 g Parmesan, frisch gehobelt, zum Servieren

Für die Croûtons

115 g Baguette vom Vortag

Einlegeöl von 1 Dose Sardellen (50 g)

Salz und frisch gemahlener schwarzer Pfeffer

Für das Dressing

2 Eigelb

4 Sardellenfilets

1 ½ EL Zitronensaft

1 TL Dijonsenf

1 Knoblauchzehe, zerdrückt

2 EL fein geriebener Parmesan

120 ml Olivenöl

120 ml Sonnenblumenöl

frisch gemahlener schwarzer Pfeffer

Für **4 Personen** // Zeit: 30 Min.

ZUBEREITUNG

1 Den Backofen auf 190 °C vorheizen. Für die Croûtons das Baguette in lange Stücke schneiden, dann kurz in der Küchenmaschine zu kleinen, ungleichmäßigen Stücken zerkleinern. In einer Schüssel mit dem Sardellenöl mischen, bis die Brotstücke davon umhüllt sind; falls nötig noch etwas Olivenöl dazugeben. Mit Salz und Pfeffer würzen und auf einem Backblech verteilen. Auf der obersten Schiene des Ofens in 5–7 Minuten goldbraun backen, dabei mehrmals wenden. Aus dem Ofen nehmen und beiseitestellen.

2 Für das Dressing Eigelbe, Sardellen, Zitronensaft, Senf, Knoblauch und Parmesan im Mixer vermengen. Mit reichlich Pfeffer würzen und zu einer ziemlich glatten Mischung mixen. Dann bei laufendem Mixer Olivenöl und Sonnenblumenöl in einem feinen Strahl einlaufen lassen, bis das Dressing emulgiert, dick und glatt ist.

3 Die Nudeln nach Packungsangabe bissfest kochen. In ein Sieb abgießen, unter fließendem kaltem Wasser abspülen und abtropfen lassen. Mit 1 Schuss Olivenöl vermischen, damit sie nicht zusammenkleben. Vollständig abkühlen lassen.

4 Die abgekühlten Nudeln und den Großteil des Dressings in einer großen Schüssel vermischen. Den Salat und den Großteil der Croûtons dazugeben und gut mit den Nudeln vermengen. Den Salat mit dem gehobelten Parmesan garnieren und sofort servieren. Übriges Dressing und übrige Croûtons extra dazu reichen.

NUDELTAUSCH // Dinkel-Kastanien-Farfalle (s. S. 42) // Dinkelfusilli // Roggentrompeten

BUCHWEIZEN-NUDELN MIT CHILI-AHORNSIRUP-DRESSING

Nussige Buchweizennudeln und knuspriger Daikon-Rettich werden mit einer köstlichen, süßscharfen Chilisauce kombiniert. Ingwer, Knoblauch und Sesam runden den Geschmack fein ab.

ZUTATEN

350 g Buchweizennudeln

Salz

Sesamöl zum Schwenken

4–6 Frühlingszwiebeln,
  schräg in feine Ringe geschnitten

1 Stück Daikon-Rettich (7,5 cm), geschält
  und in dünne Streifen geschnitten

1 EL Nori Furikake (jap. Gewürzmischung)
  zum Garnieren

Für das Dressing

4 EL Sonnenblumenöl

2 EL Reisweinessig

1 TL Gochujang-Chilipaste (Asienladen)

1 EL Sesamöl

1 EL Ahornsirup

1 EL Sojasauce

1 Knoblauchzehe, zerdrückt

1 Stück Ingwer (1 cm), geschält
  und grob gerieben

Für 4 Personen // **Zeit: 20 Min.** // **milchfrei**

ZUBEREITUNG

1 Die Nudeln nach Packungsangabe in kochendem Salzwasser bissfest garen. In ein Sieb abgießen, gründlich unter fließendem kaltem Wasser abspülen und abtropfen lassen. In 1 Schuss Sesamöl schwenken, damit sie nicht zusammenkleben. Beiseitestellen.

2 Für das Dressing alle Zutaten in einer kleinen Schüssel mit einem Schneebesen verquirlen, bis die Mischung glatt ist.

3 Nudeln, Frühlingszwiebeln und Daikon-Rettich mit dem Dressing in einer großen Schüssel vermengen, bis sich alles gut vermischt hat und gleichmäßig mit Sauce überzogen ist. Den Salat in eine Servierschüssel umfüllen und mit Furikake bestreuen. Sofort servieren.

NUDELTAUSCH // Hafernudeln // Buchweizennudeln (s. S. 37)

NUDELSALAT MIT KICHER-ERBSEN & EINGELEGTER ZITRONE

Dieser herzhafte Beilagensalat strotzt nur so vor mediterranen Aromen. Frisches Basilikum und Feta krönen die Linsennudeln und Kichererbsen, die die pikante Salzigkeit des Dressings mit eingelegter Zitrone bestens aufsaugen.

ZUTATEN

*115 g getrocknete Kichererbsen,
   über Nacht eingeweicht*
225 g Grüne-Linsen-Muschelnudeln
Olivenöl zum Schwenken
300 g gelbe Kirschtomaten, geviertelt
115 g Feta, zerkrümelt

Für das Dressing

1 EL Olivenöl
*2 EL fein gehackte eingelegte Zitrone
   (vor dem Hacken gut abspülen)*
1 Knoblauchzehe, zerdrückt
½ TL Zucker
1 EL Zitronensaft
*1 Handvoll Basilikumblätter,
   plus mehr zum Servieren*
Salz und frisch gemahlener schwarzer Pfeffer

Für **8 Personen** // Zeit: **1 Std. 10 Min.** + Einweichen über Nacht // **glutenfrei** // **vegetarisch**

ZUBEREITUNG

1 Die über Nacht eingeweichten Kichererbsen in einem Topf mit kaltem Wasser bedecken. Das Wasser bei starker Hitze zum Kochen bringen, dabei entstehenden Schaum abschöpfen. Die Temperatur reduzieren und die Kichererbsen offen bei schwacher Hitze 45 Minuten bis 1 Stunde köcheln, bis sie weich sind. In ein Sieb abgießen und unter fließendem kaltem Wasser abspülen. Zum Abkühlen beiseitestellen.

2 Inzwischen die Nudeln nach Packungsangabe bissfest kochen. In ein Sieb abgießen, unter fließendem kaltem Wasser abspülen und gut abtropfen lassen. In 1 Schuss Olivenöl schwenken, damit sie nicht zusammenkleben. Beiseitestellen.

3 Während die Kichererbsen und die Nudeln abkühlen, das Dressing zubereiten. Dafür alle Zutaten in den Mixer oder eine kleine Küchenmaschine geben und kräftig mit Salz und Pfeffer würzen. 2 EL kaltes Wasser dazugeben und alles glatt mixen.

4 Nudeln, Kichererbsen, Kirschtomaten und den Großteil des Feta gründlich mit dem Dressing vermischen. In eine Servierschüssel umfüllen und mit dem restlichen Feta sowie einigen grob zerpflückten Basilikumblättern bestreuen. Sofort servieren.

NUDELTAUSCH // Rote-Linsen-Fusilli // Quinoapenne

SCHWARZE REISNUDELN MIT CHILI-TAHIN-DRESSING

Dieser umwerfende Salat schmeckt als leichtes Mittagessen oder Beilage. Karamellisierte Kürbiskerne verleihen ihm einen verführerischen, süßscharfen Biss.

ZUTATEN

300 g schwarze Reisnudeln
Sonnenblumenöl zum Schwenken
2 große Möhren, geschält
200 g Rotkohl, sehr fein geschnitten
4 Frühlingszwiebeln, in dünne Streifen geschnitten
1 Handvoll Korianderblätter, grob gehackt
Salz und frisch gemahlener schwarzer Pfeffer

Für die Kürbiskerne

1 TL Sonnenblumenöl
1 EL brauner Zucker
1 Prise Salz
1 Prise Cayennepfeffer
60 g Kürbiskerne

Für das Dressing

2 EL Tahin (Sesammus)
2 EL Sonnenblumenöl
1 TL Chiliöl
2 EL Limettensaft
1 EL Sojasauce
1 EL Honig

Für **4–6 Personen** // Zeit: **30 Min.** // **milchfrei** // **vegetarisch**

ZUBEREITUNG

1 Den Backofen auf 180 °C vorheizen und ein Backblech mit Backpapier belegen. Für die karamellisierten Kürbiskerne Sonnenblumenöl, Zucker, Salz und Cayennepfeffer in einer Schüssel mit einem Schneebesen gut verquirlen. Die Kürbiskerne dazugeben und gut unterrühren, bis sie gleichmäßig von der Mischung umhüllt sind. Die Kürbiskerne auf dem Backblech verteilen und auf der obersten Schiene des Ofens 5–7 Minuten backen, bis die Kürbiskerne beginnen zu bräunen und zusammenzukleben. Aus dem Ofen nehmen und zum Abkühlen auf einem großen Teller verteilen. Wenn sie abgekühlt sind, größere Klumpen auseinanderbrechen.

2 Für das Dressing alle Zutaten und 2 EL kaltes Wasser mit einem Schneebesen gründlich verquirlen. Beiseitestellen.

3 Die Nudeln nach Packungsangabe kochen. In ein Sieb abgießen, unter fließendem kaltem Wasser abspülen und abtropfen lassen. In 1 Schuss Sonnenblumenöl schwenken, damit sie nicht zusammenkleben. Beiseitestellen und vollständig abkühlen lassen.

4 Die Möhren mit einem Sparschäler längs in breite Bänder schneiden und direkt in eine Servierschüssel fallen lassen. Rotkohl, Frühlingszwiebeln, den Großteil der Kürbiskerne und der Korianderblätter sowie die abgekühlten Nudeln dazugeben. Das Dressing hinzufügen und alle Zutaten gut vermischen.

5 Den Salat in die Servierschüssel umfüllen. Mit den übrigen Kürbiskernen und dem übrigen Koriander bestreuen. Mit Salz und Pfeffer würzen und sofort servieren.

NUDELTAUSCH // Soba-Nudeln // Reisnudeln

SOMMER-KÜRBIS-SALAT MIT FETA & OLIVEN

Dieser Salat schmeckt am besten gut gekühlt als Beilage, also stellen Sie den Kürbis eine Zeit lang kalt, bevor Sie loslegen. Die salzigen Oliven und der Feta passen wunderbar zum spritzigen Dressing. Ein tolles leichtes Mittagessen — mit pochierten Garnelen wird es ein Sattmacher.

ZUTATEN

2 kleine Zucchini

2 kleine gelbe Sommerkürbisse

2 EL sehr fein gewürfelte rote Zwiebel

115 g Feta, grob zerkrümelt

16 entsteinte Kalamata-Oliven, trocken getupft und längs geviertelt

Für das Dressing

4 EL Buttermilch

4 EL Olivenöl

2 EL Zitronensaft

Salz und frisch gemahlener schwarzer Pfeffer

1 Prise Zucker

1 Handvoll Minzeblätter, fein gehackt, plus einige ganze Blätter zum Garnieren

Für **4 Personen** // Zeit: **10 Min.** // **glutenfrei** // **vegetarisch**

ZUBEREITUNG

1 Für das Dressing alle Zutaten in einer kleinen Schüssel mit einem Schneebesen gründlich verquirlen.

2 Zucchini und Kürbisse in Spiralen schneiden, dabei das Innere entfernen. Die Gemüsespiralen gleichmäßig auf Küchenpapier ausbreiten und gut damit trocken tupfen, um so viel Flüssigkeit wie möglich aufzunehmen.

3 Die Gemüsespiralen mit der Zwiebel und dem Großteil des Feta in eine große Schüssel geben. Alle Zutaten gut miteinander vermischen.

4 Den Salat in eine Servierschüssel umfüllen und mit dem übrigen Feta, den geviertelten Oliven und einigen Minzeblättern garnieren. Sofort servieren, das Dressing extra dazu reichen.

NUDELN
ZUM SATTESSEN

PUTEN-PFANNE MIT BUCHWEIZEN-NUDELN

Gochujang, eine süße und scharfe koreanische rote Chilipaste, verleiht diesem Gericht die feurige Schärfe und viel Aroma, das die erdigen Buchweizennudeln perfekt ergänzt.

ZUTATEN

225 g Buchweizennudeln (100 % Buchweizen)

1 TL Sesamöl, plus mehr zum Schwenken

2 EL Sonnenblumenöl

300 g Putenhackfleisch

1 Stück Ingwer (5 cm), geschält und fein gerieben

2 Knoblauchzehen, zerdrückt

1 EL Sojasauce

115 g grüne Bohnen, geputzt und schräg in feine Stücke geschnitten

115 g grüner Spargel, geputzt und schräg in feine Stücke geschnitten

60 g langstielige Brokkoliröschen, fein geschnitten

60 g Zuckerschoten, geputzt und schräg halbiert

4 Frühlingszwiebeln, geputzt und schräg in feine Stücke geschnitten

1 Handvoll Korianderblätter, grob gehackt

Für die Sauce

1 EL Gochujang-Chilipaste (Asienladen)

1 EL Sojasauce

1 EL Mirin (süßer jap. Reiswein)

1 TL Zucker

1 TL Sesamöl

Für 4 Personen // Zeit: 1 Std. // milchfrei

ZUBEREITUNG

1 Für die Sauce alle Zutaten und 1 EL Wasser in einer kleinen Schüssel mit einem Schneebesen gut verquirlen. Beiseitestellen.

2 Die Nudeln nach Packungsangabe bissfest kochen. In ein Sieb abgießen und unter fließendem kaltem Wasser abspülen. In 1 Schuss Sesamöl schwenken, damit sie nicht zusammenkleben. Beiseitestellen.

3 Das Sesamöl und 1 EL Sonnenblumenöl im Wok stark erhitzen. Sobald das Öl heiß ist, das Putenhackfleisch dazugeben und unter ständigem Rühren 3–4 Minuten braten, bis es gebräunt ist. Ingwer und Knoblauch hinzufügen und 1–2 Minuten mitbraten, bis sämtliche Flüssigkeit verkocht ist. Die Sojasauce unterrühren. Den Wok vom Herd nehmen, die gebratenen Zutaten auf einen Teller umfüllen und den Wok mit Küchenpapier säubern.

4 Das restliche Sonnenblumenöl (1 EL) im Wok stark erhitzen. Die grünen Bohnen dazugeben und 1 Minute unter ständigem Rühren anbraten. Spargel, Brokkoli und Zuckerschoten hinzufügen und 2 Minuten unter Rühren braten, bis sie zart sind. Falls nötig, 1 EL Wasser dazugeben, damit das Gemüse durchgart.

5 Die gekochten Nudeln, die Sauce und das Putenhackfleisch in den Wok geben. Alle Zutaten gut mischen und 2–3 Minuten braten, bis die Saucenzutaten sich verbunden haben und die Nudeln heiß sind.

6 Den Großteil der Frühlingszwiebeln und des Korianders hinzufügen und kurz untermischen, den Rest zum Garnieren beiseitelegen. Das Gericht in eine Servierschüssel umfüllen, mit den restlichen Frühlingszwiebeln und dem Koriander bestreuen und sofort servieren.

NUDELTAUSCH // Buchweizenspaghetti (s. S. 37) // Einkornspaghetti

SPAGHETTI »CACIO E PEPE« MIT KNUSPER-LAUCH

Salziger Parmesan und feurige Chili-flocken würzen diese einfachen Kicher-erbsennudeln. Knusprig gebratener Lauch verleiht dem Gericht ein raffi-niertes Finish und knackigen Biss.

ZUTATEN

1 Portion Kichererbsenmehlteig (s. S. 35), zu Spaghetti geschnitten (s. S. 45)

4 EL Olivenöl

4 EL Butter

1 TL frisch gemahlener schwarzer Pfeffer

1 TL Chiliflocken, plus mehr zum Servieren

60 g Parmesan, fein gerieben, plus mehr zum Servieren

Salz und frisch gemahlener schwarzer Pfeffer

Für den Knusperlauch

Sonnenblumenöl zum Frittieren

2 Lauchstangen, gewaschen und geputzt

1 EL Speisestärke

Für **4 Personen** // Zeit: **25 Min.** // glutenfrei

ZUBEREITUNG

1 Für den Knusperlauch etwa 5 cm hoch Sonnenblumenöl in einen mittelgroßen Topf mit schwerem Boden geben und auf 180 °C erhitzen. Inzwischen die Lauchstangen längs hal-bieren und in feine Streifen schneiden. Mit Küchenpapier gut trocken tupfen. Den Lauch in der Speisestärke wenden. Sobald das Öl die gewünschte Temperatur erreicht hat, den Lauch portionsweise hineingeben und frittieren, bis er goldbraun und knusprig ist. Herausnehmen und auf Küchenpapier entfetten. Mit Salz würzen.

2 Die Nudeln in einem großen Topf mit Salzwasser etwa 4 Minuten bissfest kochen. In ein Sieb abgießen, dabei 240 ml Kochwasser auffangen.

3 Olivenöl, 2 EL Butter, Pfeffer und Chiliflocken im gleichen Topf erhitzen. Bei mittlerer Hitze 1 Minute andünsten, bis die Gewürze duften. Nudelkochwasser, Nudeln, restliche Butter (2 EL) und Parmesan dazugeben. Rühren, bis der Parmesan geschmolzen und das Wasser komplett aufgesogen ist. Falls nötig, noch etwas Wasser dazugeben. Mit Salz und Pfeffer abschmecken.

4 Das Gericht in eine Servierschüssel umfüllen, mit Knusper-lauch, Parmesan und 1 Prise Chiliflocken bestreuen und sofort servieren.

NUDELTAUSCH // Kichererbsenspaghetti // Quinoaspaghetti

DINKEL-SPAGHETTI MIT ARTI-SCHOCKE & RICOTTA

Dinkelnudeln haben einen angenehmen, leicht nussigen Geschmack, der in diesem sommerlichen, köstlichen Gericht von cremigem Ricotta ergänzt wird. Zitrone und Chili runden das feine Aroma der gegrillten Artischocken ab.

ZUTATEN

400 g Dinkelspaghetti
2 Dosen Artischockenherzen in Öl (à 160 g)
200 g Ricotta
2 EL Olivenöl
abgeriebene Schale von 1 Bio-Zitrone
1 TL Chiliflocken
Salz und frisch gemahlener schwarzer Pfeffer
Parmesan, gehobelt, zum Servieren
1 Handvoll Basilikumblätter, fein gehackt, plus ganze Blätter zum Garnieren

Für 4 Personen // Zeit: 30 Min.

ZUBEREITUNG

1 Die Nudeln nach Packungsangabe bissfest kochen. In ein Sieb abgießen, dabei 120 ml Kochwasser auffangen. Die Nudeln unter fließendem kaltem Wasser abspülen und zurück in den Topf geben.

2 Während die Nudeln kochen, die Artischocken mit Küchenpapier abtupfen, um das Öl zu entfernen. Eine gusseiserne Grillpfanne erhitzen. Die Artischocken hineingeben und bei mittlerer Hitze 2–3 Minuten auf jeder Seite anbraten, bis sie schön gebräunt sind und Grillstreifen haben. Zum Abkühlen beiseitestellen, dann der Länge nach etwas kleiner schneiden.

3 Ricotta, Olivenöl, Zitronenschale und Chiliflocken in einer großen Schüssel mit einem Schneebesen gut verquirlen. Mit Salz und Pfeffer abschmecken. Das beiseitegestellte Nudelkochwasser hinzufügen und unterrühren, bis eine dicke, glatte Sauce entsteht.

4 Sauce, Basilikum, Nudeln und Artischocken im Topf gut miteinander vermischen. Mit Salz und Pfeffer abschmecken. Mit dem gehobelten Parmesan und den Basilikumblättern bestreut sofort servieren.

NUDELTAUSCH // Buchweizenspaghetti (s. S. 37) // Buchweizennudeln (aus 100 % Buchweizen)

GLASNUDELN »KOREAN-STYLE«

Diese Version des klassischen koreanischen Gerichts »japchae« ist einfach und schnell gemacht. Wenn Sie intensivere Aromen mögen, geben Sie mehr Knoblauch, geriebenen Ingwer oder fein gehackte Chilischote dazu.

ZUTATEN

*200 g Saumfleisch,
  in dünne Scheiben geschnitten*

150 g Glasnudeln

Sesamöl zum Schwenken

2 EL Sonnenblumenöl

*115 g Shiitakepilze, von den
  Stielen befreit und fein geschnitten*

½ kleine rote Zwiebel, fein geschnitten

1 große Möhre, in dünne Streifen geschnitten

*¼ große rote Paprikaschote,
  in dünne Streifen geschnitten*

30 g Babyspinat

2 EL Hühnerbrühe

1 EL gerösteter Sesam zum Garnieren

*2 Frühlingszwiebeln, fein geschnitten,
  zum Garnieren*

Für die Marinade

2 EL Sojasauce

1 Knoblauchzehe, zerdrückt

1 TL Sesamöl

1 TL Zucker

1 Msp. weißer Pfeffer

Für 2 Personen // Zeit: 30 Min. + 30 Min. Marinieren // milchfrei

ZUBEREITUNG

1 Für die Marinade alle Zutaten in einer kleinen Schüssel mit einem Schneebesen gut verrühren. Das Fleisch dazugeben und wenden, bis es vollständig mit Marinade bedeckt ist. Mit Frischhaltefolie abdecken und mindestens 30 Minuten kühl stellen.

2 Die Nudeln in eine große hitzefeste Schüssel geben und mit kochendem Wasser bedecken. 5 Minuten einweichen lassen, dann mit der Küchenschere in mundgerechte Stücke schneiden. In ein Sieb abgießen, unter fließendem kaltem Wasser abspülen und abtropfen lassen. Die Glasnudeln in 1 Schuss Sesamöl schwenken, damit sie nicht zusammenkleben. Zum Abkühlen beiseitestellen.

3 Wenn das Fleisch ausreichend mariniert ist, 1 EL Sonnenblumenöl in einem großen Wok erhitzen. Die Shiitakepilze dazugeben und 2 Minuten braten, bis sie weich sind. Das Fleisch aus der Marinade nehmen, die Marinade dabei auffangen, und das Fleisch in den Wok geben. 2 Minuten umrühren, bis das Fleisch gerade gar ist. Fleisch und Pilze aus dem Wok nehmen.

4 Das restliche Sonnenblumenöl (1 EL) im Wok erhitzen. Zwiebel, Möhre und rote Paprikaschote hinzufügen und 2 Minuten unter Rühren braten, bis sie etwas weicher sind. Die Glasnudeln, die restliche Marinade, den Spinat und die Hühnerbrühe dazugeben. Alles 1 Minute unter ständigem Rühren braten, bis der Spinat zusammenfällt. Kronfleisch und Pilze wieder dazugeben und 1 Minute erhitzen. Das Gericht mit Sesam und Frühlingszwiebeln garnieren und sofort servieren.

NUDELTAUSCH // dünne Reisnudeln // Süßkartoffel-Vermicelli // Shirataki-Nudeln

ROTE-LINSEN-FUSILLI MIT PAPRIKA-KNOBLAUCH-SAUCE

Linsennudeln schmecken leicht pfeffrig und passen darum perfekt zu den kräftigen Aromen dieser Sauce aus gerösteten roten Paprikaschoten und Tomaten. Frisches Basilikum und Parmesan runden das Gericht ab.

ZUTATEN

2 rote Paprikaschoten, entkernt und geviertelt
4 Eiertomaten, halbiert
6 Knoblauchzehen mit Schale
6 EL Olivenöl
Salz und frisch gemahlener schwarzer Pfeffer
400 g Rote-Linsen-Fusilli
2 EL fein gehackte Basilikumblätter
Parmesan, fein gerieben, zum Servieren

Für 4 Personen // Zeit: 50 Min. // glutenfrei

ZUBEREITUNG

1 Den Backofen auf 200 °C vorheizen. Ein Backblech mit Backpapier oder Alufolie belegen. Paprikaschoten, Tomaten und Knoblauchzehen auf das Backblech legen und mit 4 EL Olivenöl beträufeln. Alles gründlich vermischen, damit das Gemüse rundherum mit Öl bedeckt ist. Gut mit Salz und Pfeffer würzen und gleichmäßig auf dem Backblech verteilen.

2 Das Gemüse auf der obersten Schiene 30 Minuten rösten, bis die Paprikaschoten Blasen bekommen und die Tomaten zerfallen. Das Blech aus dem Ofen nehmen, das Gemüse in eine kleine hitzefeste Schüssel umfüllen und diese luftdicht mit Frischhaltefolie abdecken. Mindestens 15 Minuten zum Abkühlen beiseitestellen.

3 Wenn das Gemüse so weit abgekühlt ist, dass man es anfassen kann, die Haut von den Paprikaschoten, den Tomaten und dem Knoblauch abziehen und wegwerfen. Das Gemüse in einen Mixer oder eine Küchenmaschine füllen. Das restliche Olivenöl (2 EL) hinzufügen und alles kurz mixen, bis eine stückige Sauce entstanden ist. Mit Salz und Pfeffer kräftig abschmecken und die Sauce in einen kleinen Topf umfüllen.

4 Die Nudeln nach Packungsangabe garen. Wenn sie knapp gar sind, die Paprika-Tomaten-Sauce langsam erwärmen. Die Nudeln in ein Sieb abgießen und zurück in den Topf geben. Sauce und Basilikum hinzufügen und alles gut vermischen. In eine Servierschüssel umfüllen, mit Parmesan bestreuen und sofort servieren.

NUDELTAUSCH // Kichererbsenfusilli // Schwarze-Bohnen-Fusilli // Grüne-Linsen-Muschelnudeln

SPAGHETTI MIT EI & PANCETTA

In diesem reichhaltigen und köstlichen Gericht werden milde Hirsespaghetti mit knuspriger Pancetta und Parmesan gemischt und von gegrilltem Rosenkohl gekrönt. Das Eigelb sorgt für eine besonders cremige Sauce.

ZUTATEN

*450 g Rosenkohl, geputzt
und in einzelne Blätter geteilt*
3 EL Olivenöl
Salz und frisch gemahlener schwarzer Pfeffer
115 g Pancetta, fein gewürfelt
1 Knoblauchzehe, zerdrückt
500 g Hirsespaghetti
4 Eier
2 EL Butter
*30 g fein geriebener Parmesan,
plus mehr zum Servieren*

Für 4 Personen // Zeit: 50 Min. // glutenfrei

ZUBEREITUNG

1 Den Backofen auf 230 °C vorheizen. Die Rosenkohlblätter mit 1 EL Olivenöl mischen und gut mit Salz und Pfeffer würzen. Die Blätter auf einem Backblech verteilen und 3–4 Minuten backen, bis sie an den Rändern knusprig werden. Achtung, sie können schnell verbrennen.

2 Das restliche Olivenöl (2 EL) in einer großen Pfanne erhitzen. Die Pancetta dazugeben und bei mittlerer Hitze 2–3 Minuten braten, bis sie anfängt knusprig zu werden. Den Knoblauch hinzufügen und 1 Minute mitbraten. Den Herd ausstellen.

3 Für die pochierten Eier eine große, weite Pfanne halbhoch mit Wasser füllen und dieses zum Kochen bringen. In einem anderen Topf die Nudeln nach Packungsangabe kochen. In ein Sieb abgießen, dabei 240 ml Kochwasser auffangen und die Nudeln zurück in den Topf geben.

4 Während Nudeln und Pancetta gar ziehen, die Temperatur des Wassers für die Eier reduzieren, bis es nur noch leicht siedet. Die Eier einzeln in Schüsseln aufschlagen und vorsichtig nacheinander in das Wasser gleiten lassen. Die Eier 3 Minuten pochieren, bis das Eiweiß nicht mehr durchsichtig ist, aber das Eigelb noch flüssig.

5 Während die Eier garen, das aufgefangene Nudelkochwasser in die noch heiße Pfanne zur Pancetta gießen und unter ständigem Rühren die gebräunte Pancetta und den Knoblauch vom Topfboden lösen. Die Mischung über die gekochten Nudeln geben. Rosenkohl, Butter und Parmesan ebenfalls hinzufügen und alle Zutaten gut miteinander vermischen.

6 Das Gericht auf vier flache Schalen verteilen und jede Portion mit 1 pochierten Ei anrichten. Mit Parmesan und etwas frisch gemahlenem schwarzem Pfeffer bestreuen. Sofort servieren.

NUDELTAUSCH // Spinat-Hirse-Spaghetti (s. S. 30) // Quinoaspaghetti

SÜSS-KARTOFFEL-NUDELN MIT ERDNUSS & HÄHNCHEN

Süßkartoffelspiralen werden in diesem einfachen und sättigenden Gericht von einer scharfen Erdnusssauce umhüllt. Gegrilltes Hähnchen verleiht dem Ganzen ein kräftiges Aroma.

ZUTATEN

2 kleine Hähnchenbrustfilets (ohne Haut und Knochen)

2 EL Sonnenblumenöl

60 g Sojabohnensprossen

225 g Süßkartoffelspiralen (geschnitten gewogen)

2 Frühlingszwiebeln, schräg in sehr feine Ringe geschnitten

1 EL fein gehackte Korianderblätter, plus ganze Blätter zum Garnieren

Für die Marinade

1 EL Sojasauce

1 EL chinesischer Reiswein

1 TL Sesamöl

1 TL Chiliöl

½ TL Zucker

1 Knoblauchzehe, zerdrückt

1 Stück Ingwer (2,5 cm), geschält und gerieben

Für die Erdnusssauce

60 g cremige Erdnussbutter

1 TL Sesamöl

1 TL Chiliöl

1 EL Sojasauce

2 Knoblauchzehen, fein gehackt

1 Stück Ingwer (5 cm), fein gehackt

Für 2 Personen // Zeit: 30 Min. + 1 Std. Marinieren // milchfrei

ZUBEREITUNG

1 Für die Marinade alle Zutaten in einer kleinen Schüssel verquirlen, bis sich der Zucker aufgelöst hat.

2 Die Hähnchenbrustfilets auf ein Schneidebrett legen und mit Backpapier belegen. Die Filets mit einem Fleischklopfer oder einer Teigrolle klopfen, bis sie gleichmäßig dünn sind. In eine flache Schale legen und die Marinade dazugeben. Die Marinade in das Fleisch einmassieren. Zugedeckt 1–3 Stunden im Kühlschrank marinieren lassen, dabei gelegentlich wenden.

3 Für die Erdnusssauce alle Zutaten und 120 ml Wasser in den Mixer geben und zu einer glatten Sauce mixen.

4 Den Backofengrill einschalten. Ein tiefes Backblech mit Alufolie belegen. Das Hähnchenfleisch darauf verteilen und auf jeder Seite 3–4 Minuten grillen, bis es braune Flecken bekommt und durchgegart ist. Locker in Alufolie wickeln und beiseitelegen.

5 Das Sonnenblumenöl in einer großen beschichteten Pfanne erhitzen. Die Sojabohnensprossen dazugeben und bei mittlerer Hitze 1 Minute andünsten. Die Süßkartoffelnudeln hinzufügen und unter gelegentlichem Wenden etwa 3 Minuten dünsten, bis sie weicher werden, aber nicht zerfallen. Die Erdnusssauce dazugeben und unter ständigem Rühren 2–3 Minuten weiterkochen, bis die Süßkartoffeln weich und durchgegart sind. Frühlingszwiebeln und Koriander dazugeben und vorsichtig untermischen.

6 Die Nudeln gleichmäßig auf zwei Servierschüsseln verteilen. Das Hähnchen in Scheiben schneiden und jeweils die Hälfte auf jeder Portion Nudeln anrichten. Mit dem Koriander garnieren und sofort servieren.

GRÜNES HÄHNCHEN-CHILI MIT BOHNEN-NUDELN

Dieses leichte, feine grüne Chili ist nicht zu vergleichen mit den üblichen schweren Chilis auf Tomaten-Rindfleisch-Basis. Wenn Sie gerne scharf essen, verwenden Sie auch die Kerne der Jalapeño-Chili.

ZUTATEN

450 g grüne Tomaten oder, falls erhältlich, Tomatillos, enthäutet und gewaschen

½ weiße Zwiebel, geviertelt

3 Knoblauchzehen mit Schale

1 Jalapeño-Chili

1 EL Olivenöl

Salz und frisch gemahlener schwarzer Pfeffer

Saft von ½ Limette

300 ml Hühnerbrühe

½ TL Kreuzkümmel

½ TL gemahlener Koriander

1 große Handvoll Korianderblätter

675 g Hähnchenschenkel (ohne Haut und Knochen)

300 g Schwarze-Bohnen-Penne

Zum Servieren

1 Avocado, in Scheiben geschnitten

1 Frühlingszwiebel, in dünne Ringe geschnitten

saure Sahne

Für **4 Personen** // Zeit: **2 Std. 30 Min.** // glutenfrei

ZUBEREITUNG

1 Den Backofen auf 230°C vorheizen. Ein tiefes Backblech mit Alufolie belegen. Ganze Tomaten, Zwiebel, Knoblauch und Jalapeño-Chili auf dem Backblech verteilen und mit Olivenöl einreiben. Mit reichlich Salz und Pfeffer würzen und auf der obersten Schiene des Ofens 15 Minuten rösten, bis das Gemüse weich ist und stellenweise bräunt. Nach der Hälfte der Zeit wenden.

2 Das Gemüse aus dem Ofen nehmen und die Temperatur auf 150°C reduzieren. Wenn das Gemüse so weit abgekühlt ist, dass man es anfassen kann, die Chili entkernen und den Knoblauch schälen. Das Gemüse mit Limettensaft, Hühnerbrühe, Kreuzkümmel, gemahlenem Koriander und der Hälfte der Korianderblätter in den Mixer geben. Mit Salz und Pfeffer würzen und alles zu einer stückigen Flüssigkeit mixen.

3 Die Hähnchenschenkel nebeneinander in einen Bräter legen. Die Tomatenmischung darübergeben und das Hähnchen zugedeckt auf der mittleren Schiene des Ofens 1 Stunde garen.

4 Den Deckel des Bräters abnehmen und alles weitere 20–30 Minuten garen, bis die Sauce einkocht und das Hähnchen ganz zart ist. Aus dem Ofen nehmen und das Hähnchenfleisch mithilfe von zwei Gabeln in Stücke zupfen.

5 Die Nudeln nach Packungsangabe bissfest kochen. (Vorsicht, die Nudeln keinesfalls zu lange kochen, sie werden schnell matschig.) Die Nudeln in ein Sieb abgießen und auf vier Servierschüsseln verteilen. Das Hähnchen ebenfalls auf die Schüsseln verteilen. Das Chili mit Avocadoscheiben, Frühlingszwiebeln und den übrigen Korianderblättern anrichten und sofort servieren. Die saure Sahne extra dazu reichen.

NUDELTAUSCH // Rote-Linsen-Fusilli // Kichererbsenpenne

SPAGHETTI MIT SALBEI-HASELNUSS-BRÖSELN

In diesem köstlichen, einfachen Gericht betont eine buttrige, aromatische Weißbrotbröselmischung, gewürzt mit gerösteten Haselnüssen und frischem Salbei, den kräftig nussigen Geschmack der Dinkelnudeln. Pecorino bringt eine salzige Komponente ins Spiel.

ZUTATEN

400 g Dinkelspaghetti

60 g Haselnüsse

4 EL Olivenöl

4 EL Butter

115 g Weißbrotbrösel

2 EL sehr fein gehackter Salbei

Salz und frisch gemahlener schwarzer Pfeffer

30 g fein geriebener Pecorino, plus mehr zum Servieren

Für 4 Personen // Zeit: 25 Min.

ZUBEREITUNG

1 Die Nudeln in Salzwasser nach Packungsangabe kochen.

2 Inzwischen die Haselnüsse in einer beschichteten Pfanne ohne Fett bei mittlerer Hitze unter gelegentlichem Rühren rösten, bis sie goldbraun sind. Vom Herd nehmen. Sobald sie abgekühlt sind, in ein sauberes Geschirrtuch geben und die dunkle Haut damit kräftig abrubbeln. Die Nüsse fein hacken und beiseitestellen.

3 Die Pfanne mit Küchenpapier säubern. 2 EL Olivenöl und 2 EL Butter darin erhitzen. Wenn die Butter anfängt zu schäumen, die Weißbrotbrösel dazugeben und bei mittlerer Hitze rühren, bis sie mit der Butter-Öl-Mischung bedeckt sind. Bei mittlerer bis schwacher Hitze unter gelegenlichem Rühren 2 Minuten rösten, bis sie etwas Farbe annehmen. Den Salbei hinzufügen und alles weiterbraten, bis die Weißbrotbrösel goldbraun sind. Vom Herd nehmen und die gehackten Haselnüsse unterrühren.

4 Wenn die Spaghetti bissfest sind, in ein Sieb abgießen, gut abtropfen lassen und zurück in den Topf geben. Das restliche Olivenöl (2 EL) und die restliche Butter (2 EL) dazugeben, mit reichlich Salz und Pfeffer würzen und alles gut mischen. Den Pecorino und den Großteil der Weißbrotbröselmischung dazugeben, die übrige Mischung zum Garnieren beiseitestellen. Das Gericht in eine Servierschüssel umfüllen, mit Pecorino und den übrigen Weißbrotbröseln bestreuen und sofort servieren.

NUDELTAUSCH // Dinkel-Kastanien-Spaghetti (s. S. 42) **//** Einkornspaghetti

»PASTA E FAGIOLI« MIT ROSMARIN & THYMIAN

Dieses Rezept aus der traditionellen italienischen Bauernküche präsentiert sich hier mit kräftigen Borlotti-Bohnen und Quinoanudeln. Wenn Sie gerne Fleisch mögen, braten Sie Pancettawürfel mit der Zwiebel und dem Gemüse an.

ZUTATEN

*115 g getrocknete Borlotti-Bohnen,
   über Nacht eingeweicht*

2 EL Olivenöl, plus mehr zum Schwenken

1 mittelgroße Zwiebel, fein gewürfelt

*1 große Stange Staudensellerie, geputzt
   und fein gewürfelt*

1 große Möhre, geputzt und fein gewürfelt

2 Knoblauchzehen, fein gehackt

4 EL trockener Weißwein

1 Dose stückige Tomaten (400 g)

500 ml Gemüsebrühe

1 Zweig Rosmarin

1 großer Zweig Thymian

*Salz und frisch gemahlener
   schwarzer Pfeffer*

115 g Quinoa-Muschelnudeln

2 EL fein gehackte glatte Petersilie

Parmesan, fein gerieben, zum Servieren

Für **4 Personen** // Zeit: **1 Std. 35 Min.** + Einweichen über Nacht // glutenfrei

ZUBEREITUNG

1 Die eingeweichten Bohnen abgießen und in einen Topf mit schwerem Boden geben. Mit kaltem Wasser bedecken und dieses zum Kochen bringen. Die Temperatur reduzieren, bis das Wasser nur noch leicht siedet, und die Bohnen offen 30 Minuten köcheln, bis sie gar, aber noch etwas fest sind. Abgießen und beiseitestellen.

2 Das Olivenöl in einem anderen großen Topf mit schwerem Boden erhitzen. Zwiebel, Sellerie und Möhre dazugeben und bei mittlerer Hitze 5 Minuten weich dünsten. Den Knoblauch unterrühren und 1 Minute mitgaren.

3 Die Temperatur etwas erhöhen, den Wein dazugeben und kurz köcheln lassen. Tomaten und Gemüsebrühe hinzufügen und alle Zutaten gut verrühren. Rosmarin und Thymian dazugeben und alles mit reichlich Salz und Pfeffer würzen. Die Bohnen hinzufügen und das Ganze aufkochen. Die Temperatur wieder reduzieren und alles zugedeckt bei schwacher Hitze etwa 50 Minuten köcheln lassen, bis die Bohnen sehr zart sind.

4 Inzwischen die Nudeln in kochendem Salzwasser nach Packungsangabe bissfest kochen. In ein Sieb abgießen und unter fließendem kaltem Wasser abspülen. Abtropfen lassen und in 1 Schuss Olivenöl schwenken, damit sie nicht zusammenkleben. Zum Abkühlen beiseitestellen.

5 Wenn die Bohnen weich sind, die Nudeln dazugeben und erhitzen, dann den Topf vom Herd nehmen. Die Kräuterzweige herausnehmen und wegwerfen. Die Petersilie unterrühren und das Gericht mit Salz und Pfeffer abschmecken. In eine Servierschüssel umfüllen, mit reichlich geriebenem Parmesan bestreuen und sofort servieren.

NUDELTAUSCH // Reis-Ditalini // Kichererbsenmuschelnudeln // Maishörnchennudeln

SÜSS-KARTOFFEL-NUDELN »SINGAPUR«

Dieses Gericht machen Sie am besten nur für zwei Personen, sonst ist der Wok zu voll. Das Gemüse sollte fein geschnitten sein, damit es gleichmäßig gart und das Gericht schön aussieht.

ZUTATEN

115 g Süßkartoffel-Vermicelli (Asienladen)

2 TL Sesamöl, plus mehr zum Schwenken

2 EL Sonnenblumenöl

225 g geschälte rohe Garnelen (Darm entfernt)

Salz und frisch gemahlener schwarzer Pfeffer

¼ große rote Zwiebel, sehr fein geschnitten

1 Möhre, in dünne Streifen geschnitten

¼ große rote Paprikaschote, in dünne Streifen geschnitten

1 Knoblauchzehe, sehr fein gehackt

1 Stück Ingwer (2,5 cm) sehr fein gehackt

½ TL Currypulver

1 Prise gemahlene Kurkuma

2 TL Zucker

75 g Weißkohl, vom Strunk befreit und fein geraspelt

60 g Sojabohnensprossen

1 EL chinesischer Reiswein

1 EL Sojasauce

2 Frühlingszwiebeln, schräg in feine Ringe geschnitten, zum Garnieren

Für 2 Personen // **Zeit: 25 Min.** // **milchfrei**

ZUBEREITUNG

1 Die Nudeln in einer mittelgroßen hitzefesten Schüssel mit kochendem Wasser bedecken. 15 Minuten ziehen lassen, bis sie weich sind. In ein Sieb abgießen und unter fließendem kaltem Wasser abspülen, bis sie abgekühlt sind. In 1 Schuss Sesamöl schwenken, damit sie nicht zusammenkleben.

2 In einem Wok 1 TL Sesamöl und 1 EL Sonnenblumenöl erhitzen. Die Garnelen mit Salz und Pfeffer würzen, in den Wok geben und bei mittlerer Hitze 2 Minuten unter ständigem Rühren braten, bis sie rosa geworden sind. Herausnehmen und beiseitestellen.

3 Das restliche Sesamöl (1 TL) und das restliche Sonnenblumenöl (1 EL) im Wok erhitzen. Zwiebel, Möhre und rote Paprikaschote hinzufügen und unter ständigem Rühren 1 Minute garen. Knoblauch, Ingwer, Currypulver, Kurkuma und Zucker dazugeben und alles 1–2 Minuten weiterbraten, bis die Gewürze anfangen zu duften. Weißkohl und Sojabohnensprossen hinzufügen und 1–2 Minuten mitkochen, bis der Kohl beginnt zusammenzufallen. Alle Zutaten gut miteinander vermischen und die Nudeln dazugeben.

4 Weiterrühren, bis die Nudeln mit den Gewürzen bedeckt sind. Mit etwas Salz würzen, dann den chinesischen Reiswein und die Sojasauce unterrühren. Die Garnelen zurück in den Wok geben und gut mit den anderen Zutaten vermischen. Das Gericht mit den Frühlingszwiebeln garnieren und sofort servieren.

NUDELTAUSCH // dünne Reisnudeln // Glasnudeln // Shirataki-Nudeln

SORGHUM-TAGLIATELLE MIT JAKOBS-MUSCHELN

Die edlen schwarzen Nudeln sehen in der Kombination mit leuchtend roten Tomaten, weißen Jakobsmuscheln und grünem Rucola einfach umwerfend aus. Servieren Sie dieses Gericht als Vorspeise oder als leichtes Mittagessen.

ZUTATEN

2 EL Olivenöl

2 EL Butter

225 g Kirschtomaten, halbiert

1 Portion Sorghum-Sepia-Teig (s. S. 32), zu Tagliatelle geschnitten (s. S. 45)

225 g kleine Jakobsmuscheln

2 Knoblauchzehen, zerdrückt

Salz und frisch gemahlener schwarzer Pfeffer

60 g zarter Rucola

Für **4 Personen** // Zeit: **40 Min.** // **glutenfrei**

ZUBEREITUNG

1 Olivenöl und Butter in einer großen Bratpfanne oder gusseisernen Pfanne erhitzen. Sobald das Fett brodelt, die Tomaten mit der Schnittfläche nach unten hineinlegen und bei mittlerer Hitze 2 Minuten braten, nicht wenden.

2 Inzwischen in einem großen Topf Salzwasser zum Kochen bringen. Die Nudeln dazugeben und etwa 3 Minuten bissfest kochen. Die Nudeln in ein Sieb abgießen und dabei 500 ml Kochwasser auffangen.

3 Die Tomaten wenden. Die Jakobsmuscheln dazugeben und beides bei starker Hitze 2–3 Minuten garen. Den Knoblauch hinzufügen und 1 Minute mitbraten. Das Nudelkochwasser dazugießen und alles mit Salz und Pfeffer würzen.

4 Wenn die Flüssigkeit anfängt zu brodeln, die gekochten Nudeln und den Rucola dazugeben. Alles vorsichtig miteinander mischen und nochmals mit Salz und Pfeffer abschmecken. Sofort servieren.

NUDELTAUSCH // Mandel-Tapioka-Tagliatelle (s. S. 41) // glutenfreie Sepianudeln

REISPENNE MIT BUTTERNUSSKÜRBISSAUCE

Hier werden milde Naturreispenne mit einer herrlich sahnigen Sauce gemischt, die ihre Süße von geröstetem Butternusskürbis bekommt. Chilischoten, Räucherpaprikapulver und knusprig gebratener Salbei bringen Schärfe und geschmacklichen Tiefgang.

ZUTATEN

200 g Butternusskürbis, geschält und gewürfelt (geschält gewogen)
2 EL Olivenöl
Salz und frisch gemahlener schwarzer Pfeffer
2 Knoblauchzehen, zerdrückt
1 milde rote Peperoni, entkernt und fein gehackt
2 EL sehr fein gehackte Salbeiblätter
1 Prise Räucherpaprikapulver
150 g Sahne
30 g fein geriebener Parmesan, plus mehr zum Servieren
350 g Naturreispenne

Für 4 Personen // Zeit: 1 Std. // glutenfrei

ZUBEREITUNG

1 Den Backofen auf 200 °C vorheizen. Ein Backblech mit Backpapier belegen. Den Butternusskürbis in einer Schüssel mit 1 EL Olivenöl mischen und mit Salz und Pfeffer würzen. Gleichmäßig auf dem Backblech verteilen und im Ofen 25–30 Minuten unter gelegentlichem Wenden rösten, bis er goldbraun und durchgegart ist. Aus dem Ofen nehmen und zum Abkühlen beiseitestellen.

2 Das restliche Olivenöl (1 EL) in einer beschichteten Pfanne erhitzen. Knoblauch, Peperoni und Salbei hinzufügen und bei mittlerer Hitze 1–2 Minuten anbraten, bis es duftet und sie beginnen Farbe anzunehmen. Vom Herd nehmen und das Räucherpaprikapulver unterrühren.

3 Den abgekühlten Kürbis, die gebratenen Würzzutaten, die Sahne und den Parmesan in den Mixer geben und zu einer glatten Sauce pürieren. Die Sauce in einen kleinen Topf umfüllen.

4 Die Nudeln nach Packungsangabe garen. Wenn sie fast fertig sind, die Sauce bei schwacher Hitze erwärmen. Die Nudeln in ein Sieb abgießen, gut abtropfen lassen und zurück in den Topf geben. Die heiße Squce hinzufügen und gut mit den Nudeln vermischen. Das Gericht in eine Servierschüssel umfüllen, mit dem geriebenen Parmesan bestreuen und sofort servieren.

NUDELTAUSCH // Quinoapenne

GLASNUDELN MIT TINTEN- FISCH & THAI- BASILIKUM

Mungobohnennudeln – auch Glasnudeln genannt – haben eine feste Konsistenz, die perfekt zum zarten Tintenfisch passt. Thai-Basilikum mit seinem leichten Anisgeschmack macht dieses Gericht wirklich außergewöhnlich.

ZUTATEN

175 g breite Mungobohnennudeln

1 EL Sonnenblumenöl

½ kleine rote Zwiebel, in Scheiben geschnitten

2 Knoblauchzehen, in dünne Scheiben geschnitten

½ rote Paprikaschote, entkernt und fein gehackt (nach Belieben auch mehr)

225 g Tintenfischtuben, gesäubert, Tentakel entfernt, in dünne Scheiben geschnitten

1 Handvoll ganze Thai-Basilikumblätter

Für die Sauce

1 TL Zucker

1 EL Fischsauce

1 EL Austernsauce

2 EL Sojasauce

Für **2** Personen // Zeit: 1 Std. // milchfrei

ZUBEREITUNG

1 Die Nudeln in eine große hitzefeste Schüssel geben und mit kochendem Wasser bedecken. 30 Minuten einweichen lassen, dann in ein Sieb abgießen und zum Abtropfen und Abkühlen beiseitestellen.

2 Für die Sauce alle Zutaten in einer kleiner Schüssel mit einem Schneebesen gut verquirlen. Beiseitestellen.

3 Das Sonnenblumenöl in einem großen Wok erhitzen. Die Zwiebel dazugeben und bei starker Hitze 2 Minuten anbraten. Knoblauch und rote Paprikaschote hinzufügen und 1 Minute mitbraten, bis es duftet. Die Tintenfischtuben dazugeben und 2 Minuten mitgaren, bis sie anfangen glasig zu werden.

4 Die Sauce in den Wok geben und kurz aufkochen. Die Nudeln hinzufügen und alles noch 3–4 Minuten köcheln lassen, bis die Nudeln weich sind. Den Wok vom Herd nehmen und das Thai-Basilikum einrühren, sodass es zusammenfällt. Das Gericht in eine Servierschüssel umfüllen und sofort servieren.

NUDELTAUSCH // dünne Reisnudeln

SCHARFE TOMATEN-GARNELEN-NUDELN

Diese einfache, aber wunderbar aromatische Sauce passt gut zu eher leichten, milden Nudeln. Verwenden Sie lange Sorten wie Fettuccine, Spaghetti oder Engelshaarnudeln.

ZUTATEN

450 g große rohe Garnelen mit Schale (am besten mit Kopf)

2 EL Olivenöl, plus mehr zum Schwenken

1 kleine Zwiebel, sehr fein gewürfelt

2 Knoblauchzehen, zerdrückt

½ TL Chiliflocken

2 Dosen stückige Tomaten (à 400 g)

Salz und frisch gemahlener schwarzer Pfeffer

1 Portion Mandel-Tapiokamehl-Teig (s. S. 41), zu Bandnudeln geschnitten (s. S. 46)

2 EL fein gehackte glatte Petersilie

Für **4 Personen** // Zeit: **45 Min.** // **milchfrei** // **glutenfrei**

ZUBEREITUNG

1 Die Garnelen schälen und die Köpfe entfernen. Schalen und Köpfe beiseitelegen. Die Garnelen längs halbieren und den Darm entfernen, bis zur Verwendung zugedeckt in den Kühlschrank stellen.

2 Für die Garnelenbrühe die Garnelenköpfe und -schalen in einen kleinen Topf mit schwerem Boden geben und mit 500 ml kaltem Wasser bedecken. Das Wasser zum Kochen bringen, dann die Temperatur reduzieren und alles offen 10–15 Minuten kochen, bis die Flüssigkeit auf die Hälfte eingekocht ist. Die Schalen und Köpfe herausfischen und die Brühe zum Abkühlen beiseitestellen.

3 Das Olivenöl in einem Topf mit schwerem Boden erhitzen. Die Zwiebel dazugeben und bei mittlerer Hitze 3–5 Minuten anschwitzen, bis sie weich ist, aber nicht bräunt. Knoblauch und Chiliflocken hinzufügen, die Temperatur reduzieren und alles 1 Minute weiterbraten.

4 Tomaten und Garnelenbrühe dazugeben und zum Kochen bringen. Die Temperatur erneut reduzieren, bis die Flüssigkeit nur noch simmert, und alles offen 20–30 Minuten köcheln lassen, bis die Sauce dicklich eingekocht ist. Mit Salz und Pfeffer würzen.

5 Während die Sauce köchelt, die Nudeln in kochendem Salzwasser etwa 4 Minuten bissfest kochen. In ein Sieb abgießen und in 1 Schuss Olivenöl schwenken, damit sie nicht zusammenkleben.

6 Garnelen und Petersilie zur Sauce geben, dabei etwas Petersilie zum Garnieren aufheben. Die Sauce bei mittlerer Hitze 1–2 Minuten köcheln lassen, bis die Garnelen glasig werden und sich einrollen.

7 Nudeln und Sauce gut miteiander vermischen. Mit der restlichen Petersilie bestreuen, mit ein paar Tropfen Olivenöl beträufeln und sofort servieren.

NUDELTAUSCH // Naturreisspaghetti

EDAMAME-SPAGHETTI MIT MINZE & SPARGEL

Diese knallgrüne Sauce ist perfekt für eine leichte Mahlzeit. Die Minze liefert einen unerwarteten Frischekick, der wunderbar zu zartem Spargel und zu Edamame-Bohnen passt.

ZUTATEN

225 g lange Spargelstangen, geputzt

115 g enthülste Edamame-Bohnen (TK)

400 g Edamame-Spaghetti

2 EL Olivenöl, plus mehr zum Servieren

*1 große Lauchstange, nur der weiße Teil,
   geputzt und in dünne Streifen geschnitten*

1 große Knoblauchzehe, zerdrückt

115 g Ricotta

*1 große Handvoll Minzeblätter, fein gehackt,
   plus mehr ganze Blätter zum Garnieren*

*2 EL fein geriebener Parmesan,
   plus mehr zum Servieren*

Salz und frisch gemahlener schwarzer Pfeffer

Für **4 Personen** // Zeit: **30 Min.** // **glutenfrei**

ZUBEREITUNG

1 In einem großen Topf reichlich Salzwasser zum Kochen bringen. Inzwischen die Spargelstangen einzeln auf ein Schneidebrett legen und mit einem Sparschäler in sehr dünne Streifen schneiden.

2 Die Edamame-Bohnen in das kochende Wasser geben und 1 Minute kochen. Mit einem Schaumlöffel herausheben und in eine Schüssel mit Eiswasser geben.

3 Die Nudeln in das kochende Wasser geben und nach Packungsangabe bissfest kochen. Die gekochten Nudeln in ein Sieb abgießen, dabei 120 ml Kochwasser auffangen. Die Nudeln beiseitestellen.

4 Wenn die Spaghetti fast gar sind, das Olivenöl in einer großen beschichteten Pfanne erhitzen. Spargel und Lauch dazugeben und unter gelegentlichem Rühren 2 Minuten andünsten, bis der Spargel beginnt weich zu werden. Knoblauch und Edamame-Bohnen dazugeben und alles noch 1 Minute weiterbraten. Den Topf vom Herd nehmen.

5 Den Ricotta und 4 EL Nudelkochwasser in den Nudeltopf geben. Glatt rühren und falls nötig noch mehr Kochwasser hinzufügen. Die Spargelmischung dazugeben und alles bei schwacher Hitze miteinander vermischen.

6 Die Spaghetti zurück in den Topf geben, Minze und Parmesan hinzufügen und alle Zutaten gut miteinander vermischen. Mit Salz und Pfeffer abschmecken. Auf vier Teller verteilen. Mit Parmesan und Minze bestreuen, mit ein paar Tropfen Olivenöl beträufeln und sofort servieren.

NUDELTAUSCH // Dinkel-Kastanien-Spaghetti (s. S. 42)

SHIRATAKI-KOKOS-CURRY MIT SCHWARZEM SESAM

Shirataki-Nudeln haben kaum Eigengeschmack. Wenn man sie zuerst trocken röstet und dann in der Currysauce ziehen lässt, saugen sie all die würzigen Aromen dieses einfachen Gerichtes auf.

ZUTATEN

3 EL Kokosöl

½ rote Zwiebel, fein gehackt

2 Knoblauchzehen, fein gehackt

1 Stück Ingwer (2,5 cm), fein gehackt

½ große rote Paprikaschote, gewürfelt

150 g Pilze, geputzt und geviertelt

2 TL Currypulver

1 Prise Cayennepfeffer (nach Belieben)

1 Dose Kokosmilch (400 g)

120 ml Gemüsebrühe

300 g Süßkartoffeln, geschält und in 1 cm große Würfel geschnitten

2 Päckchen Shirataki-Nudeln (à 200 g)

Zum Servieren

1 Handvoll Korianderblätter

2 Frühlingszwiebeln, geputzt und schräg in Ringe geschnitten

½ TL schwarzer Sesam

Für **4 Personen** // Zeit: **40 Min.** // **glutenfrei** // **vegan**

ZUBEREITUNG

1 In einem Topf mit schwerem Boden 2 EL Kokosöl erhitzen. Die Zwiebel dazugeben und bei mittlerer Hitze 2–3 Minuten anschwitzen, bis sie weich ist, aber nicht bräunt. Knoblauch und Ingwer unterrühren und 1 Minute mitgaren.

2 Paprikaschote und Pilze hinzufügen und 2–3 Minuten mitgaren, bis sie etwas Farbe annehmen. Das restliche Kokosöl (1 EL), das Currypulver, nach Belieben den Cayennepfeffer dazugeben und alle Zutaten gut vermischen. Die Temperatur reduzieren und alles bei schwacher Hitze 1 Minute köcheln , bis die Gewürze anfangen zu duften.

3 Kokosmilch und Gemüsebrühe dazugießen. Die Süßkartoffeln hinzufügen und alles bei starker Hitze zum Kochen bringen. Die Temperatur wieder reduzieren und die Süßkartoffeln bei schwacher Hitze offen 10–12 Minuten köcheln lassen, bis sie weich sind.

4 Inzwischen in einem Topf Wasser aufkochen. Die Shirataki-Nudeln in ein Sieb geben und unter fließendem kaltem Wasser mindestens 30 Sekunden abspülen. Die Nudeln in das kochende Wasser geben und 2 Minuten darin kochen lassen. In ein Sieb abgießen, gut abtropfen lassen und zum Abkühlen beiseitestellen.

5 Eine große beschichtete Pfanne stark erhitzen. Die abgekühlten Nudeln darin unter ständigem Rühren 2 Minuten ohne Fett rösten. Den Großteil der Sauce dazugeben und weitere 2 Minuten köcheln lassen, bis die Nudeln fast die ganze Sauce aufgenommen haben.

6 Die Nudeln auf vier Teller verteilen. Das Gemüsecurry und die restliche Sauce darauf anrichten. Mit Korianderblättern, Frühlingszwiebeln und schwarzem Sesam bestreuen und sofort servieren.

NUDELTAUSCH // Kelp-Nudeln // dünne Reisnudeln

SPAGHETTI-KÜRBIS MIT PANCETTA & PARMESAN

Die nudelartigen Bänder des Spaghetti-kürbis ähneln klassischen Spaghetti in der Konsistenz, aber geschmacklich braucht der Kürbis Unterstützung. Wenn er mit Pancetta und Knoblauch gebraten wird, ergibt das ein herzhaftes, köstliches Gericht.

ZUTATEN

1 kleiner Spaghettikürbis (etwa 675 g), halbiert und entkernt
2 EL Olivenöl
115 g Pancetta, gewürfelt
1 Knoblauchzehe, zerdrückt
½ TL Chiliflocken
2 EL Butter
Salz und frisch gemahlener schwarzer Pfeffer
Parmesan, fein gerieben, zum Servieren

Für **4 Personen** // **Zeit: 1 Std. 5 Min.** // **glutenfrei**

ZUBEREITUNG

1 Den Backofen auf 190 °C vorheizen und ein tiefes Back-blech mit Backpapier belegen. Die Kürbishälften mit der Schnittfläche nach unten auf das Backblech legen und 2 EL Wasser dazugeben. Den Kürbis 30–40 Minuten rösten, bis das Fruchtfleisch weich ist. Zum Abkühlen beiseitestellen.

2 Wenn der Kürbis abgekühlt ist, das faserige Fruchtfleisch mit einem großen Löffel herauslösen und in einzelne Fäden teilen. Das Olivenöl in einer großen beschichteten Pfanne erhitzen. Die Pancetta hineingeben und bei mittlerer Hitze in 3–4 Minuten knusprig braun braten. Die Temperatur reduzie-ren, Knoblauch und Chiliflocken hinzufügen und alles bei schwacher Hitze 1 Minute weiterbraten.

3 Die Butter dazugeben und schmelzen. Die Kürbisnudeln hinzufügen und alles gut miteinander vermischen. Mit Salz und Pfeffer abschmecken. Die Temperatur wieder erhöhen und alles unter gelegentlichem Rühren 3–4 Minuten garen, bis die Kürbisnudeln goldbraune Stellen bekommen. Das Gericht in eine Servierschüssel umfüllen, mit Parmesan bestreuen und sofort servieren.

FARFALLE MIT MAIS & BACON

Würziger Ziegenkäse und salziger Bacon ergänzen die Süße der Maiskörner in der sahnigen Sauce, die die selbst gemachten Maismehlnudeln umhüllt. Verwenden Sie am besten frische Maiskolben.

ZUTATEN

2 EL Olivenöl

1 kleine rote Zwiebel, fein gehackt

6 Scheiben Bacon, gewürfelt

2 Knoblauchzehen, zerdrückt

2 EL Butter

2 Maiskolben, Kerne abgeschnitten
   (etwa 200 g Kerne)

240 ml Hühnerbrühe

Salz und frisch gemahlener schwarzer Pfeffer

120 g Sahne

85 g Ziegenfrischkäse

1 Portion Maismehlteig (s. S. 38),
   zu Farfalle geformt (s. S. 52)

1 EL fein gehacktes Basilikum,
   plus mehr zum Servieren

Parmesan, fein gerieben, zum Servieren

Für **4 Personen** // Zeit: **45 Minuten** // **glutenfrei**

ZUBEREITUNG

1 In einem Topf Salzwasser zum Kochen bringen. Inzwischen das Olivenöl in einer großen Bratpfanne oder gusseisernen Pfanne erhitzen. Die Zwiebel dazugeben und bei mittlerer Hitze 3–4 Minuten anschwitzen, bis sie weich ist, aber nicht bräunt. Den Bacon dazugeben und 3–4 Minuten mitbraten, bis er knusprig wird. Den Knoblauch unterrühren und alles 1 weitere Minute garen.

2 Zwiebel und Bacon mit einem Schaumlöffel aus der Pfanne nehmen, dabei den Großteil des Öls in der Pfanne belassen. Die Butter in der Pfanne schmelzen, die Maiskörner dazugeben und bei mittlerer Hitze 1–2 Minuten anbraten, bis sie etwas dunkler werden. Die Hühnerbrühe dazugießen und alles 1–2 Minuten kochen, bis die Maiskörner zart sind.

3 Die Pfanne vom Herd nehmen und die Mischung kräftig mit Salz und Pfeffer abschmecken. In einen Mixer umfüllen, Sahne und Ziegenfrischkäse dazugeben und alles zu einer glatten Sauce pürieren.

4 Die Nudeln im kochenden Salzwasser 3–4 Minuten kochen, bis sie gerade bissfest sind.

5 Inzwischen die Maissauce und die Bacon-Mischung in einen kleinen Topf umfüllen und bei schwacher Hitze erwärmen. Vom Herd nehmen und das Basilikum einrühren.

6 Die Nudeln in ein Sieb abgießen, abtropfen lassen und zurück in den Topf geben. Die Sauce darübergießen und gut mit den Nudeln vermischen. Das Gericht mit Basilikum und Parmesan bestreuen und sofort servieren.

NUDELTAUSCH // Naturreisfarfalle // Maisfusilli // Einkornfusilli

PAPPARDELLE MIT RINDER-RAGOUT

Diese herzhafte italienische Sauce macht sich im Ofen fast von alleine. Servieren Sie den Klassiker mit selbst gemachten Pappardelle oder Fettuccine – die Bandnudeln nehmen die kräftigen Aromen der Sauce bestens auf.

ZUTATEN

2 EL Olivenöl

675 g kurze Rinderrippen (mit Knochen)

Salz und frisch gemahlener schwarzer Pfeffer

1 Zwiebel, geschält und fein gehackt

2 Möhren, geschält und fein gewürfelt

2 Stangen Staudensellerie, geputzt und fein geschnitten

2 dicke Scheiben Bacon, fein gewürfelt

2 Knoblauchzehen, zerdrückt

1 EL Butter

2 EL Mehl (weißes Reismehl oder Kartoffelmehl für ein glutenfreies Gericht)

1 EL Tomatenmark

240 ml kräftiger Rotwein (z. B. Merlot)

500 ml gute Rinderbrühe

½ TL Zucker

4 Zweige Thymian, plus mehr zum Garnieren

1 Portion Mandel-Tapiokamehl-Teig (s. S. 41), zu Pappardelle geschnitten (s. S. 45)

Parmesan, gerieben, zum Servieren (nach Belieben)

Für 4–6 Personen // Zeit: 3 Std. // glutenfrei

ZUBEREITUNG

1 Den Backofen auf 180°C vorheizen. 1 EL Olivenöl in einem ofenfesten Topf (5 l Inhalt) erhitzen. Die Rinderrippchen mit Salz und Pfeffer würzen. Bei mittlerer Hitze 3–4 Minuten rundum anbraten. Aus dem Topf nehmen.

2 Das restliche Olivenöl (1 EL) dazugeben, dann Zwiebel, Möhren und Sellerie hinzufügen. Bei mittlerer bis schwacher Hitze 3–5 Minuten anschwitzen. Die Temperatur auf mittlere bis hohe Hitze stellen und den Bacon dazugeben, 2 Minuten mitbraten. Zum Schluss den Knoblauch unterrühren und 1 Minute mitbraten.

3 Die Temperatur wieder etwas reduzieren, die Butter in den Topf geben und schmelzen. Mehl und Tomatenmark hinzufügen und sehr gut unterrühren. Alles unter ständigem Rühren 1–2 Minuten köcheln lassen.

4 Den Wein nach und nach dazugießen, dabei ständig rühren, um den Bratensatz vom Topfboden abzulösen.

Rinderbrühe, Zucker und Thymian unterrühren. Die Rinderrippen wieder in den Topf geben. Alles 2 Stunden zugedeckt auf mittlerer Schiene im Ofen garen.

5 Den Topf aus dem Ofen nehmen und den Deckel abnehmen. Die Rippen in der Sauce wenden und alles offen 30 Minuten im Ofen weitergaren, bis die Sauce einkocht. Aus dem Ofen nehmen und abkühlen lassen.

6 Wenn das Fleisch ausreichend abgekühlt ist, die Rippen aus dem Topf nehmen und das Fleisch von den Knochen lösen. Den Thymian aus der Sauce fischen. Das Fleisch wieder in den Topf geben und untermischen.

7 In einem Topf Salzwasser zum Kochen bringen. Die Nudeln darin 5–6 Minuten bissfest kochen. In ein Sieb abgießen. Die Sauce, falls nötig, wieder etwas erhitzen und auf den Nudeln verteilen. Mit dem Thymian und nach Belieben mit Parmesan bestreuen und servieren.

NUDELTAUSCH // Maispappardelle (s. S. 38) // Reisfettuccine

SCHWARZE-BOHNEN-NUDELN MIT WALNUSS-MUHAMMARA

Granatapfelsirup bringt bittere, süße und saure Aromen in die Muhammara, eine pikante Paprikapaste, die sich auch für Veganer eignet. Nicht-Veganer können mit Pecorino die Schärfe der Sauce kompensieren.

ZUTATEN

225 g Schwarze-Bohnen-Spaghetti
gehackte Walnusskerne zum Servieren
frisch gehobelter Pecorino zum Servieren
  (nach Belieben)

Für die Muhammara

115 g Walnusskerne, grob gehackt
1 Glas geröstete Paprikaschoten (340 g), abgetropft und trocken getupft
30 g Panko-Weißbrotbrösel
4 EL Olivenöl
1 große Knoblauchzehe, zerdrückt
½ TL Kreuzkümmel
1 Prise Cayennepfeffer
1 TL Zitronensaft
2 TL Granatapfelsirup
Salz und frisch gemahlener schwarzer Pfeffer

Für **4 Personen** // Zeit: **30 Min.**

ZUBEREITUNG

1 Für die Muhammara alle Zutaten mit 2 EL kaltem Wasser in die Küchenmaschine geben. Zu einer nicht ganz glatten Paste mixen, die Konsistenz soll der von Pesto ähneln.

2 Die Nudeln nach Packungsangabe kochen. In ein Sieb abgießen, dabei 120 ml Kochwasser in einem Topf auffangen. Die Nudeln beiseitestellen. Die Muhammara in das Kochwasser geben und die Mischung erhitzen.

3 Die Nudeln hinzufügen und gut mit der Sauce vermischen. Das Gericht mit Walnüssen und nach Belieben mit Pecorino bestreuen und sofort servieren.

NUDELTAUSCH // Rote-Linsen-Spaghetti // Naturreisfettuccine // Dinkel-Kastanien-Spaghetti (s. S. 42)

FLECKERL MIT HASELNUSS-BUTTER & PECORINO

Der nussige Geschmack der Buch-weizennudeln wird perfekt ergänzt von der aromatischen braunen Butter, dem scharfen Blattgemüse und dem salzigen Käse. Ein wirklich sättigendes Gericht.

ZUTATEN

60 g Haselnüsse

115 g Butter

1 Portion Buchweizenmehlteig (s. S. 37), zu Fleckerl geschnitten (s. S. 57)

175 g Senfblätter (Asienladen), gewaschen, vom Stängel gezupft und grob gehackt

Salz und frisch gemahlener schwarzer Pfeffer

60 g frisch gehobelter Pecorino

Für 4–6 Personen // Zeit: **20 Min.** // **glutenfrei**

ZUBEREITUNG

1 In einem großen Topf Salzwasser zum Kochen bringen. Inzwischen die Haselnüsse in einer großen Pfanne ohne Fett bei mittlerer Hitze 3–4 Minuten unter gelegentlichem Rühren rösten, bis sie beginnen zu bräunen. Vom Herd nehmen. Sobald sie abgekühlt sind, in ein sauberes Geschirrtuch geben und die dunkle Haut damit kräftig abrubbeln. Grob hacken und beiseitestellen. Die Pfanne säubern.

2 Die Butter in die Pfanne geben und bei mittlerer Hitze schmelzen. 2–3 Minuten unter ständigem Rühren weiter-erhitzen, bis sie sie Blasen wirft. Sobald sie eine nussbraune Farbe annimmt, in eine hitzefeste Schüssel umfüllen. Die Pfanne nochmals säubern.

3 Die Nudeln im kochenden Salzwasser 3–4 Minuten bissfest garen. In ein Sieb abgießen, dabei 240 ml Koch-wasser auffangen.

4 So viel braune Butter in die Pfanne geben, dass der Boden bedeckt ist. Die Butter sanft erhitzen. Die Senfblätter hinzu-geben und mit reichlich Pfeffer und etwas Salz (der Pecorino ist bereits recht salzig) würzen. Bei starker Hitze braten, bis die Senfblätter beginnen zusammenzufallen. Die Nudeln dazugeben, drei Viertel der Haselnüsse hinzufügen sowie die restliche braune Butter. Alle Zutaten gut mischen, dabei nach und nach 30 g Pecorino und so viel Nudelkochwasser esslöffelweise unterrühren, bis sich alle Zutaten zu einer Sauce verbunden haben.

5 Weiterrühren, bis die Nudeln heiß und rundherum mit Sauce bedeckt sind. Auf Teller verteilen, mit den restlichen Haselnüssen und dem restlichen Pecorino (30 g) bestreuen. Mit Salz und Pfeffer abschmecken und sofort servieren.

NUDELTAUSCH // Dinkel-Kastanien-Fleckerl (s. S. 42)

FETTUCCINE MIT KRABBEN-ZITRONEN-SAUCE

Hier werden selbst gemachte Mandel-Fettuccine mit einer leichten, zitronigen Sauce serviert, die von Avgolemono inspiriert ist, der traditionellen griechischen Suppe mit Zitrone und Ei. Saftiges Krabbenfleisch und frischer Dill heben die Aromen dieses Gerichts hervor.

ZUTATEN

350 ml Hühnerbrühe

3 Eier

Saft von 1 Bio-Zitrone,
  plus abgeriebene Schale zum Garnieren

1 TL Tapiokamehl

Salz und frisch gemahlener schwarzer Pfeffer

225 g Krabbenfleisch, mit einer Gabel zerpflückt

1 Portion Mandel-Tapiokamehl-Teig (s. S. 41),
  zu Fettuccine geschnitten (s. S. 45)

2 EL fein gehackter Dill

Parmesan, fein gerieben zum Servieren

Für 4 Personen // Zeit: 25 Min. // glutenfrei

ZUBEREITUNG

1 Die Hühnerbrühe in einem kleinen Topf erhitzen, bis sie beginnt zu kochen. Inzwischen Eier, Zitronensaft und Tapiokamehl in einer mittelgroßen hitzefesten Schüssel mit einem Schneebesen zu einer glatten Mischung verquirlen.

2 Die heiße Hühnerbrühe in einem dünnen Strahl unter ständigem Rühren in die Eimischung gießen. Diese Mischung in den Topf geben und bei mittlerer Hitze unter ständigem Rühren eindicken lassen. Vom Herd nehmen und mit Salz und Pfeffer würzen. Das Krabbenfleisch einrühren, sodass es warm wird. Die Sauce beiseitestellen.

3 Salzwasser in einem Topf zum Kochen bringen und die Nudeln darin 3–4 Minuten bissfest garen. Die Nudeln in ein Sieb abgießen, gut abtropfen lassen und zurück in den Topf geben. Die Sauce und den Dill hinzufügen und alles gut mischen. Das Gericht in eine Servierschüssel umfüllen, mit Zitronenschale und Parmesan garnieren und sofort servieren.

NUDELTAUSCH // Rote-Bete-Reismehl-Fettuccine (s. S. 29) // Naturreisfettuccine

BLUMENKOHL-CASHEW-CARBONARA

Diese vegane Version des italienischen Klassikers wird durch die seidige Cashewsauce herrlich cremig. Die Hefeflocken erinnern an die pikante Salzigkeit von Parmesan.

ZUTATEN

2 EL Olivenöl

1 kleine weiße Zwiebel, fein gehackt

2 Knoblauchzehen, zerdrückt

60 g Cashewkerne

500 ml Gemüsebrühe

*300 g Blumenkohlröschen,
  in kleine Stücke geschnitten*

Salz und frisch gemahlener schwarzer Pfeffer

400 g Dinkelspaghetti

Hefeflocken zum Servieren

Für 4 Personen // Zeit: 40 Min. // milchfrei // vegan

ZUBEREITUNG

1 Das Olivenöl in einem mittelgroßen Topf mit schwerem Boden erhitzen. Die Zwiebel dazugeben und bei mittlerer Hitze unter gelegentlichem Rühren 5 Minuten anschwitzen, bis sie weich ist, aber nicht bräunt. Den Knoblauch hinzufügen und 1 Minute mit anschwitzen.

2 Cashewkerne und Gemüsebrühe in den Topf geben. Die Temperatur reduzieren und alles zugedeckt bei schwacher Hitze 5 Minuten köcheln lassen. Die Blumenkohlröschen dazugeben und die Temperatur wieder erhöhen, bis alles einmal aufkocht. Die Temperatur reduzieren und zugedeckt bei schwacher Hitze 5–7 Minuten köcheln lassen, bis der Blumenkohl weich ist. Vom Herd nehmen, den Deckel abnehmen und alles zum Abkühlen beiseitestellen.

3 Die abgekühlte Mischung in einen Mixer oder die Küchenmaschine geben und zu einer glatten Sauce mixen. Mit Salz und Pfeffer kräftig abschmecken. Die Sauce in einen kleinen Topf umfüllen.

4 Die Nudeln nach Packungsangabe kochen. Wenn sie fast fertig sind, die Sauce sanft erhitzen. Die Nudeln in ein Sieb abgießen, gut abtropfen lassen und zurück in den Topf geben. Die heiße Sauce darübergießen und gut mit den Nudeln vermischen. Das Gericht mit den Hefeflocken bestreuen und sofort servieren.

SPAGHETTI MIT SARDINEN & SULTANINEN

Diese Version des sizilianischen Klassikers »Pasta con le sarde« wird mit Sardinen aus der Dose gemacht, nicht mit frisch gegrillten. Das Gericht schmeckt wunderbar süß und säuerlich zugleich und überrascht mit vielen gegensätzlichen Konsistenzen.

ZUTATEN

30 g Pinienkerne

400 g Dinkel- oder Kichererbsenspaghetti

2 EL Olivenöl

60 g Butter

*1 Fenchelknolle, geputzt, halbiert und
   fein geschnitten (etwa 250 g geschnitten)*

240 ml Weißwein

Salz und frisch gemahlener schwarzer Pfeffer

60 g Sultaninen

*1 Dose Sardinen (120 g),
   in grobe Stücke zerteilt, plus das Einlegeöl*

Parmesan, fein gerieben, zum Servieren (nach Belieben)

Für 4 Personen // Zeit: 45 Min.

ZUBEREITUNG

1 Die Pinienkerne in einer Bratpfanne oder gusseisernen Pfanne ohne Fett bei mittlerer Hitze unter gelegentlichem Rühren rösten, bis sie an manchen Stellen etwas bräunen. Aus der Pfanne nehmen und zum Abkühlen beiseitestellen. Die Pfanne säubern.

2 Die Nudeln nach Packungsangabe kochen. In ein Sieb abgießen, dabei 240 ml Kochwasser auffangen.

3 Während die Nudeln kochen, Olivenöl und 30 g Butter in der Pfanne erhitzen. Den Fenchel dazugeben und bei mittlerer bis schwacher Hitze unter häufigem Rühren 10 Minuten garen, bis er weich und etwas gebräunt ist.

4 Den Weißwein und das aufgefangene Kochwasser dazugeben und bei großer Hitze kochen lassen, bis es beginnt einzukochen. Die restliche Butter (30 g) mit einem Schneebesen unterrühren. Mit reichlich Salz und Pfeffer würzen. Sultaninen und Sardinen mit dem Einlegeöl zur Sauce geben. Unter gelegentlichem Rühren weitere 1–2 Minuten kochen lassen. Beim Rühren aufpassen, dass die Sardinen nicht zerfallen.

5 Die Nudeln zurück in den Topf geben und die Sardinensauce darübergießen. Beides gut mischen und bei starker Hitze kochen, bis die Nudeln die gesamte Flüssigkeit aufgenommen haben. Den Großteil der Pinienkerne unterrühren, den Rest zum Garnieren beiseitelegen. Das Gericht auf vier Teller verteilen. Nach Belieben mit etwas Parmesan bestreuen. Mit den restlichen Pinienkernen bestreuen, mit schwarzem Pfeffer würzen und sofort servieren.

NUDELTAUSCH // Quinoaspaghetti // Kichererbsenspaghetti (s. S. 35)

BUCHWEIZEN-NUDELN MIT MISO & AUBERGINEN

Japanische Auberginen sind lang und dünn und enthalten nur sehr wenig Samen. Natürlich gelingt das Rezept auch mit anderen Sorten, solange sie jung sind. Das Gericht schmeckt würzig leicht, ist aber durchaus sättigend.

ZUTATEN

2 feste japanische oder andere junge Auberginen, geputzt, längs halbiert, dann der Breite nach halbiert
Salz
225 g Buchweizennudeln (aus 100 % Buchweizen)
Sesamöl zum Schwenken
1 EL Sesam
1 EL Sonnenblumenöl, plus mehr zum Einfetten
175 g Weißkohl, sehr fein geschnitten
175 g Sojabohnensprossen
1 EL Sojasauce
4 große Frühlingszwiebeln, geputzt und schräg in sehr feine Ringe geschnitten
2 EL gehackte Korianderblätter, plus ganze Blätter zum Garnieren

Für die Glasur

2 EL weiße Misopaste
4 EL Mirin (süßer jap. Reiswein)
1 ½ EL Zucker
2 TL Sesamöl

Für **4 Personen** // Zeit: **50 Min.** // milchfrei

ZUBEREITUNG

1 Den Backofen auf 220 °C vorheizen. Die Schnittflächen der Auberginen mit der Spitze eines scharfen Messers kreuz und quer leicht einritzen. Mit der Schnittfläche nach unten auf ein leicht eingeöltes Backblech legen und auf der obersten Schiene des Ofens 10–15 Minuten backen, bis sie weich sind.

2 Inzwischen in einem großen Topf Salzwasser zum Kochen bringen. Währenddessen für die Glasur die Misopaste und 4 EL heißes Wasser in einem kleinen Topf mit einem Schneebesen verquirlen. Mirin, Zucker und Sesamöl unterrühren, die Sauce unter ständigem Rühren kurz aufkochen und so lange weiterkochen, bis der Zucker sich aufgelöst hat. Den Topf vom Herd nehmen und beiseitestellen.

3 Die Nudeln im kochenden Wasser nach Packungsangabe knapp bissfest kochen, in ein Sieb abgießen und kurz unter fließendem kaltem Wasser abspülen. In 1 Schuss Sesamöl schwenken, damit sie nicht zusammenkleben.

4 Wenn die Auberginen weich sind, aus dem Ofen nehmen und den Grill einschalten. Ein Backblech mit Alufolie belegen und die Auberginen mit den Schnittflächen nach oben darauf verteilen. Die Schnittflächen mit der Glasur bestreichen. Auf der obersten Schiene etwa 10 Minuten grillen, bis die Oberseiten sehr braun und knusprig sind. Die Auberginen zwischendurch etwa dreimal mit der Glasur bestreichen, sobald sie aufgesogen worden ist. Die Auberginen mit dem Sesam bestreuen und nochmals kurz grillen, bis der Sesam braun ist.

5 Das Sonnenblumenöl im Wok erhitzen. Weißkohl und Sojabohnensprossen dazugeben und bei mittlerer Hitze 1 Minute unter ständigem Rühren anbraten. Die Sojasauce mit der restlichen Glasur verrühren. Nudeln, Frühlingszwiebeln und Glasur in den Wok geben und die Zutaten 1 Minute weiterbraten, bis sie heiß sind. Den gehackten Koriander dazugeben und gut unterrühren. Das Gericht auf vier Teller verteilen und jede Portion mit 2 Auberginenstücken garnieren. Mit Korianderblättern bestreuen und sofort servieren.

NUDELTAUSCH // Einkornspaghetti // Buchweizenspaghetti (s. S. 37)

FEURIGE DAN-DAN-NUDELN MIT SCHWEINE-FLEISCH

Dieses pikante Gericht bekommt seine Schärfe von Szechuanpfeffer und roten Chiliflocken. Für glutenfreien Genuss verwenden Sie glutenfreie Sojasauce.

ZUTATEN

1 TL getrocknete Szechuanpfefferkörner

225 g Hirsenudeln

*2 EL Sonnenblumenöl,
 plus mehr zum Schwenken*

225 g Schweinehackfleisch

2 Knoblauchzehen, zerdrückt

1 Stück Ingwer (2,5 cm), fein gerieben

½ TL Chiliflocken

½ TL Zucker

2½ EL Sojasauce

½ kleine rote Zwiebel, fein geschnitten

*½ rote Paprikaschote, entkernt und
 in dünne Streifen geschnitten*

1 Möhre, in dünne Streifen geschnitten

1 EL Reisweinessig

1 EL chinesischer Reiswein

*2 Frühlingszwiebeln, geputzt und schräg
 in sehr feine Scheiben geschnitten,
 zum Garnieren*

*2 EL gesalzene Erdnüsse, grob gehackt,
 zum Garnieren*

Für 2 Personen // Zeit: **25 Min.** // milchfrei

ZUBEREITUNG

1 Die Szechuanpfefferkörner in einer kleinen beschichteten Pfanne ohne Fett bei schwacher Hitze 2 Minuten rösten, bis sie dunkler werden und anfangen zu duften. Aus der Pfanne nehmen und zum Abkühlen beiseitestellen. Dann im Mörser zu einem feinen Pulver zermahlen.

2 Die Nudeln nach Packungsangabe bissfest kochen. In ein Sieb abgießen und unter fließendem kaltem Wasser abspülen. Gut abtropfen lassen und in 1 Schuss Sonnenblumenöl schwenken, damit sie nicht zusammenkleben. Zum Abkühlen beiseitestellen.

3 Im Wok 1 EL Sonnenblumenöl stark erhitzen. Das Hackfleisch dazugeben und unter ständigem Rühren 5 Minuten braten, bis es nicht mehr rosa ist. Die Temperatur reduzieren und das Hackfleisch bei mittlerer Hitze weitere 2–3 Minuten weiterbraten, bis es dunkel wird und Fett austritt. Szechuanpulver, Knoblauch, Ingwer, Chiliflocken, Zucker und ½ EL Sojasauce dazugeben. Die Temperatur nochmals reduzieren und alles bei schwacher Hitze 1 Minute garen, bis die Flüssigkeit vollständig verkocht ist.

4 Die Mischung in eine Schüssel umfüllen. Das restliche Sonnenblumenöl (1 EL) im Wok erhitzen. Zwiebel, Paprikaschote und Möhre dazugeben und 2 Minuten unter Rühren braten. Nudeln, Hackfleisch, Essig, Reiswein und die restliche Sojasauce (2 EL) hinzufügen und alles weitere 2 Minuten braten, dabei regelmäßig umrühren. Auf zwei Schüsseln verteilen, mit Frühlingszwiebeln und Erdnüssen garnieren und sofort servieren.

NUDELTAUSCH // Buchweizennudeln (s. S. 37) // Soba-Nudeln

DINKEL-NUDELN MIT SCHINKEN & GEGRILLTEM RADICCHIO

Ein einfaches Gericht, aber voller intensiver Aromen. Der dekorative purpur-weiße Radicchio wird für das Rezept gegrillt, wodurch der bittere Geschmack etwas gemildert wird. Auch optisch bereichert er das Rezept!

ZUTATEN

8 Scheiben roher italienischer Schinken

1 Kopf Radicchio (etwa 300 g)

4 EL Olivenöl

Salz und frisch gemahlener schwarzer Pfeffer

1 Portion Dinkel-Kastanienmehl-Teig (s. S. 42), zu langen Bandnudeln geschnitten (s. S. 46)

2 EL Butter

2 Knoblauchzehen, zerdrückt

4 EL fein geriebener Parmesan

Für **4 Personen** // **Zeit: 30 Min.**

ZUBEREITUNG

1 Den Backofen auf 180°C vorheizen. Die Schinkenscheiben nebeneinander auf ein mit Backpapier ausgelegtes Backblech legen. Auf der obersten Schiene des Ofens 5 Minuten rösten, bis der Schinken knusprig und braun wird. Aus dem Ofen nehmen und auf dem Backblech abkühlen lassen. In Stücke brechen.

2 Den Radicchio halbieren und beide Hälften in schmale Spalten schneiden. Dabei darauf achten, dass jede Spalte unten durch ein Stück vom Strunk zusammenhält. Den Radicchio in 2 EL Olivenöl schwenken und mit reichlich Salz und Pfeffer würzen.

3 Eine gusseiserne Pfanne stark erhitzen. Die Radicchio-spalten hineinlegen und unter gelegentlichem Wenden 3–4 Minuten braten, bis sie an den Rändern schwarz werden. (Den Radicchio gegebenenfalls portionsweise braten.) Den fertigen Radicchio zum Abkühlen auf einen Teller legen.

4 In einem Topf Salzwasser zum Kochen bringen und die Nudeln 3–4 Minuten gerade bissfest kochen. In ein Sieb abgießen, dabei 240 ml Kochwasser auffangen.

5 Das restliche Olivenöl (2 EL) und die Butter im Nudeltopf erhitzen. Den Knoblauch dazugeben und bei mittlerer Hitze 1 Minute goldbraun braten. Das Nudelkochwasser dazugießen und aufkochen lassen. Die Nudeln hinzufügen, alles mit reichlich Salz und Pfeffer abschmecken und gut vermischen. Den Radicchio, den Großteil des Schinkens und den Großteil des Parmesans dazugeben und untermischen. Das Gericht auf vier Tellern verteilen, mit dem restlichen Schinken und mit Parmesan bestreuen und sofort servieren.

NUDELTAUSCH // Dinkelspaghetti // Einkornspaghetti

ROTE-BETE-TAGLIATELLE MIT SALBEI & ZIEGENKÄSE

Die einfachen, frischen Zutaten mit ihren intensiven Aromen und kräftigen Kontrastfarben passen ideal zum dunklen Rosa der Nudeln.

ZUTATEN

60 g Butter

120 ml Olivenöl, plus mehr zum Garnieren

2 Knoblauchzehen, zerdrückt

1 Bund frischer Salbei, davon 2 EL fein gehackt, restliche Blätter zum Garnieren

Salz und frisch gemahlener schwarzer Pfeffer

1 Portion Rote-Bete-Reismehlteig (s. S. 29), zu Tagliatelle geschnitten (s. S. 46)

115 g Ziegenfrischkäse, grob zerbröselt

Für **4 Personen** // **Zeit: 25 Min.** // **glutenfrei** // **vegetarisch**

ZUBEREITUNG

1 In einem großen Topf Salzwasser zum Kochen bringen. Inzwischen die Butter und 4 EL Olivenöl in einer mittelgroßen Bratpfanne erhitzen, bis die Butter schmilzt. Den Knoblauch hinzufügen und unter ständigem Rühren 1–2 Minuten anschwitzen, bis er etwas Farbe annimmt, aber nicht bräunt.

2 Den fein gehackten Salbei dazugeben und 1–2 Minuten anbraten, bis er beginnt knusprig zu werden. Vom Herd nehmen und mit reichlich Salz und Pfeffer würzen. Beiseitestellen.

3 Inzwischen die ganzen Salbeiblätter für die Garnitur portionsweise frittieren. Dafür das restliche Olivenöl (4 EL) in einer kleinen Pfanne erhitzen. 6–8 Salbeiblätter in das Öl legen und bei mittlerer Hitze braten, bis sie knusprig sind, aber nicht bräunen. Mit einer Gabel herausheben und auf einem mit Küchenpapier belegten Teller abtropfen lassen. Salzen.

4 Die Nudeln im kochenden Wasser garen. In ein Sieb abgießen, dabei 240 ml Kochwasser auffangen. Die Nudeln zurück in den Topf geben. Knoblauch und gehackten Salbei dazugeben und alles gut mischen. Den Großteil des Ziegenfrischkäses hinzufügen und vorsichtig unterheben. Dabei so viel Nudelkochwasser esslöffelweise unterrühren, bis sich alles zu einer Sauce verbunden hat.

5 Das Gericht auf vier Schüsseln verteilen. Mit dem restlichen Ziegenfrischkäse, nach Belieben den frittierten Salbeiblättern, Pfeffer und ein paar Tropfen Olivenöl garnieren. Sofort servieren, bevor der Käse ganz geschmolzen ist.

NUDELTAUSCH // Spinat-Hirse-Tagliatelle (s. S. 30) // Quinoaspaghetti

ORECCHIETTE MIT GERÖSTETEM BLUMENKOHL

Die kräftigen, aber fein geformten Kichererbsennudeln sind eine perfekte Ergänzung zu geröstetem Blumenkohl und leichten, frischen Kräutern. Wenn Sie keinen gelben Blumenkohl bekommen, nehmen Sie weißen.

Für 4 Personen // Zeit: 25 Min. // glutenfrei

ZUTATEN

½ Portion Kichererbsenmehlteig (s. S. 35), zu Orecchiette geformt (s. S. 54)
2 EL Butter
2 EL Olivenöl
2 EL fein gehackte glatte Petersilie
2 EL Minze
Parmesan, fein gerieben, zum Servieren

Für den Blumenkohl

4 EL Olivenöl
2 Knoblauchzehen, zerdrückt
1 TL Chiliflocken
Salz und frisch gemahlener schwarzer Pfeffer
450 g gelbe (oder weiße) Blumenkohlröschen

ZUBEREITUNG

1 Den Backofen auf 200 °C vorheizen. Salzwasser in einem großen Topf zum Kochen bringen. Inzwischen für den Blumenkohl Olivenöl, Knoblauch und Chiliflocken in einer großen Schüssel mischen. Nach Belieben mit Salz und Pfeffer würzen. Den Blumenkohl dazugeben, mit den Händen mischen und die Gewürze gut in den Blumenkohl einmassieren.

2 Die Blumenkohlröschen gleichmäßig in einer großen ofenfesten Form aus Metall verteilen. Auf der obersten Schiene des Ofens 15 Minuten backen, bis der Blumenkohl gerade gar ist und braune Stellen bekommt.

3 Die Orecchiette im kochenden Salzwasser 5–6 Minuten gerade bissfest garen. In ein Sieb abgießen, dabei 240 ml Kochwasser auffangen.

4 Butter und Olivenöl in einer großen, gusseisernen Pfanne erhitzen. Etwa 2 EL Nudelkochwasser dazugeben und bei mittlerer Hitze aufkochen, bis es brodelt. Die Orechiette hinzufügen und 1–2 Minuten fertiggaren, bis sie den Großteil der Flüssigkeit aufgesogen haben.

5 Den Blumenkohl vorsichtig mit den Nudeln vermischen, dabei alle knusprigen Knoblauchstücke und Chiliflocken aus der ofenfesten Form dazugeben. Das Gericht auf vier Teller verteilen und mit Petersilie und Minze bestreuen. Sofort servieren, den Parmesan extra dazu reichen.

NUDELTAUSCH // Mais-Orecchiette (s. S. 38) // Naturreismuschelnudeln

RAVIOLI MIT SCHINKEN-FEIGEN-THYMIAN-FÜLLUNG

Kaum zu glauben, dass diese Ravioli glutenfrei sind! Denken Sie daran, die Feigen über Nacht einzuweichen. Wenn Sie keinen Zitronenthymian bekommen, nehmen Sie normalen Thymian und einen Teelöffel abgeriebene Zitronenschale.

ZUTATEN

1 Portion Mandel-Tapiokamehl-Teig (s. S. 41)
115 g Butter
Parmesan, frisch gehobelt, zum Servieren

Für die Füllung

30 g getrocknete Feigen (z. B. Mission)
75 g zimmerwarmer Ziegenfrischkäse
60 g zimmerwarmer Frischkäse
1 TL fein gehackte Zitronentyhmianblätter, plus mehr zum Garnieren
30 g roher italienischer Schinken in Scheiben, fein gehackt
Salz und frisch gemahlener schwarzer Pfeffer

NUDELTAUSCH // Rote-Bete-Reismehl-Teig (s. S. 29)

Für 32 Stück // Zeit: 50 Min. + Einweichen über Nacht // glutenfrei

ZUBEREITUNG

1 Für die Füllung die Feigen in eine kleine hitzefeste Schüssel geben. Mit kochendem Wasser bedecken und zugedeckt über Nacht einweichen lassen. Wenn sie aufgequollen sind, abgießen und ausdrücken, um überschüssiges Wasser zu entfernen. Die Feigen sehr fein hacken.

2 Ziegenkäse und Frischkäse mit einer Gabel vermischen. Feigen, Zitronenthymian und Schinken unterrühren. Mit etwas Salz und reichlich Pfeffer würzen.

3 Die Ravioli nach der Beschreibung auf Seite 51 formen. Pro Ravioli etwa 1 TL Füllung nehmen und diese mit den Händen zu einer kleinen Kugel rollen. Es sollten mindestens 32 Ravioli werden, je etwa 2,5 × 2,5 cm groß.

4 Salzwasser in einem großen Topf zum Kochen bringen. Die Ravioli portionsweise hineingeben und 2–3 Minuten im kochenden Wasser garen, bis sie an die Oberfläche steigen. Mit einem Schaumlöffel herausheben und auf einen mit Küchenpapier belegten Teller legen. Alle Ravioli auf diese Weise garen.

5 Für die braune Butter die Butter in einem hellen Topf mit schwerem Boden bei mittlerer Hitze schmelzen. Den Topf gelegentlich schwenken, bis die Butter Blasen wirft. Wenn die Blasen wieder verschwinden, fängt die Butter an, sich von gelb zu goldbraun zu verfärben. Gut aufpassen, sie kann jetzt schnell verbrennen. Wenn die Butter eine tief goldbraune Farbe angenommen hat und nussig duftet, sofort vom Herd nehmen und in eine hitzefeste Schüssel umfüllen.

6 Die Butter vollständig abkühlen lassen. Verbrannte Teile setzen sich am Boden der Schüssel ab. Die obere Schicht der braunen, geklärten Butter vorsichtig abnehmen, die festen Teile am Boden wegwerfen.

7 Die geklärte Butter in einem Topf sanft erhitzen. Über die Ravioli gießen, großzügig mit Parmesan bestreuen, mit Zitronenthymian garnieren und sofort servieren.

NUDELN
AUS DEM OFEN

PUTEN-KÜRBIS-LASAGNE MIT ROSMARIN

Diese gemüsehaltige Lasagne wird mit Kürbisscheiben anstelle von Nudelplatten zubereitet. Sie schmeckt großartig, leicht süßlich und rauchig zugleich. Ein knackiger grüner Salat passt perfekt dazu.

ZUTATEN

4 EL Olivenöl,
  plus mehr zum Einfetten

1 kleine Zwiebel, fein gehackt

1 große Stange Staudensellerie,
  geputzt und fein gehackt

1 Lauchstange, geputzt und
  fein gehackt

1 große Knoblauchzehe, zerdrückt

675 g Putenhackfleisch

1 EL Reismehl

240 ml Hühnerbrühe

2 EL fein gehackte glatte Petersilie

1 Zweig Rosmarin

Salz und frisch gemahlener
  schwarzer Pfeffer

450 g Butternusskürbis,
  in dünne Scheiben geschnitten

Für die Ricottasauce

200 g Ricotta

120 g Sahne

45 g Parmesan, fein gerieben

1 Ei

½ EL Reismehl

Für 4–6 Personen // Zeit: 2 Std. 5 Min. // glutenfrei

ZUBEREITUNG

1 Für die Putenfüllung 2 EL Olivenöl in einem großen Topf mit schwerem Boden erhitzen. Zwiebel, Sellerie und Lauch dazugeben und bei mittlerer Hitze 2–3 Minuten anschwitzen, bis sie weich sind, aber nicht bräunen. Den Knoblauch hinzufügen und 1 Minute mitdünsten.

2 Das restliche Olivenöl (2 EL) dazugeben und die Temperatur erhöhen. Das Putenhackfleisch hinzufügen und bei starker Hitze unter häufigem Rühren 3–4 Minuten braten, bis es gut gebräunt ist. Das Reismehl einrühren.

3 Hühnerbrühe, Petersilie und Rosmarin dazugeben. Mit Salz und Pfeffer kräftig würzen und zum Kochen bringen. Die Temperatur reduzieren und das Ganze offen bei schwacher Hitze unter gelegentlichem Rühren 20 Minuten köcheln lassen, bis die Flüssigkeit einkocht. Den Rosmarinzweig herausnehmen.

4 Inzwischen eine Grillpfanne mit etwas Olivenöl einfetten. Die Kürbisscheiben hineinlegen und auf jeder Seite 1–2 Minuten bei starker Hitze braten, bis sie weich werden und Grillstreifen aufweisen.

5 Den Backofen auf 190 °C vorheizen. Für die Ricottasauce alle Zutaten in einer kleinen Schüssel verquirlen. In einen kleinen Topf umfüllen und bei mittlerer Hitze unter ständigem Rühren erwärmen, bis die Mischung eindickt und anfängt Blasen zu werfen. Die Sauce mit Salz und Pfeffer abschmecken und vom Herd nehmen.

6 Eine 25 cm lange ofenfeste Form bereitstellen. Ein Drittel der Putenfleischmischung hineingeben, sodass der Boden bedeckt ist. Ein Drittel der Kürbisscheiben darauflegen und diese mit einem Drittel der Sauce bedecken. Das Ganze noch zweimal wiederholen, sodass man drei Schichten hat, mit Ricottasauce abschließen. Die Lasagne auf der mittleren Schiene des Ofens offen 45 Minuten backen, bis sie goldbraun ist. Herausnehmen und 5–10 Minuten ruhen lassen. Erst dann anschneiden und servieren.

GNOCCHI MIT HASELNUSS-GREMOLATA

Der pikante Geschmack und die knusprige Konsistenz der Haselnuss-Gremolata bildet einen schönen Kontrast zu den weichen, leicht süßlichen Gnocchi. Die sahnige, üppige Käsesauce macht dieses Gericht wirklich dekadent.

ZUTATEN

Für den Gnocchiteig

2 mittelgroße Süßkartoffeln (etwa 300 g gesamt)
1 TL sehr fein gehackte Salbeiblätter
30 g Parmesan, fein gerieben
Salz und frisch gemahlener schwarzer Pfeffer
60 g Reisstärke
60 g Hirsemehl
60 g Mandelmehl

Für die Gremolata

15 g Haselnüsse
1 EL fein gehackte glatte Petersilie
½ TL abgeriebene Bio-Zitronenschale
1 EL fein geriebener Parmesan

Für die Käsesauce

120 g Sahne
115 g Käse (z. B. Greyerzer oder Fontina), fein gerieben
1 TL Reisstärke

Für **4–6 Personen** // Zeit: **2 Std.** // **glutenfrei**

ZUBEREITUNG

1 Den Backofen auf 230 °C vorheizen. Für den Gnocchiteig die Süßkartoffeln waschen und trocken tupfen. Die Schale etwas einritzen. Die Süßkartoffeln auf dem Backblech auf der mittleren Schiene des Ofens 45 Minuten backen, bis sie weich sind. Aus dem Ofen nehmen und vollständig abkühlen lassen.

2 Die abgekühlten Süßkartoffeln halbieren. Das Fruchtfleisch aus der Schale lösen, in eine Schüssel geben und mit dem Kartoffel-stampfer zerdrücken. Salbei und Parmesan unterrühren und das Püree mit Salz und Pfeffer würzen. Reisstärke, Hirsemehl und Mandelmehl unterrühren und alle Zutaten zu einem weichen, klebrigen Teig vermischen. Den Teig zu Gnocchi formen (s. S. 58).

3 Für die Gremolata die Haselnüsse in einer beschichteten Pfanne ohne Fett bei mittlerer Hitze unter gelegentlichem Rühren 2 Minuten rösten. Vom Herd nehmen und etwas abkühlen lassen. In ein sauberes Geschirrtuch geben und die dunkle Haut damit kräftig abrubbeln. Beiseitestellen und vollständig abkühlen lassen, dann fein hacken.

4 Salzwasser in einem großen Topf zum Kochen bringen. Hasel-nüsse, Petersilie, Zitronenschale und Parmesan in einer kleinen Schüssel gut vermischen und mit schwarzem Pfeffer würzen.

5 Sobald das Wasser kocht, die Temperatur reduzieren. Die Gnocchi portionsweise in das Wasser geben und 4–5 Minuten darin gar ziehen lassen, bis sie an die Oberfläche steigen. Mit einem Schaumlöffel herausnehmen und auf einem mit Küchen-papier belegten Teller abtropfen lassen.

6 Für die Käsesauce Sahne und geriebenen Käse in einen kleinen Topf geben. Die Reisstärke darüberstreuen und unter-schlagen. Die Mischung unter ständigem Rühren langsam zum Kochen bringen, bis die Sauce eindickt und anfängt Blasen zu werfen. Die Temperatur reduzieren und die Sauce bei schwacher Hitze 1 Minute köcheln lassen. Mit schwarzem Pfeffer würzen.

7 Eine ofenfeste Form einfetten. Die Gnocchi gleichmäßig darin verteilen und die Käsesauce darübergießen. Auf der obersten Schiene des Ofens 10–12 Minuten backen, bis die Oberfläche goldbraun und knusprig ist. Vor dem Servieren mit der Haselnuss-Gremolata bestreuen.

CANNELLONI MIT SPINAT-KÄSE-FÜLLUNG

Was nach einer Riesenmenge Spinat aussieht, fällt zu einer kleinen Portion zusammen und ist Teil der reichhaltigen, sahnigen Füllung für die Cannelloni. Verwenden Sie milden Edelpilzkäse, sonst wird der Geschmack zu intensiv.

ZUTATEN

225 g Walnusskerne
4 EL Olivenöl, plus mehr zum Einfetten
1 große weiße Zwiebel, fein gehackt
2 Knoblauchzehen, zerdrückt
350 g Babyspinat, grob gehackt
180 g Sahne
175 g milder Edelpilzkäse, zerbröckelt
Salz und frisch gemahlener schwarzer Pfeffer
16 Naturreis-Cannelloni

Für die Béchamelsauce

30 g Butter
30 g Reisstärke
350 ml Milch
4 EL fein geriebener Parmesan

Für 4 Personen // Zeit: 1 Std. 55 Min. // glutenfrei

ZUBEREITUNG

1 Die Walnusskerne in einer kleinen, beschichteten Pfanne ohne Fett bei mittlerer Hitze unter gelegentlichem Rühren 2–3 Minuten rösten, bis sie beginnen zu bräunen. Vom Herd nehmen und abkühlen lassen. Die abgekühlten Nüsse in in ein sauberes Geschirrtuch geben und die dunkle Haut damit kräftig abrubbeln. Nüsse fein hacken.

2 Das Olivenöl in einem großen Topf erhitzen. Die Zwiebel dazugeben und bei mittlerer Hitze 3–4 Minuten anschwitzen, bis sie weich wird, aber nicht bräunt. Den Knoblauch hinzufügen und 1 Minute mit anschwitzen. Den Spinat dazugeben, die Temperatur erhöhen und den Spinat bei starker Hitze unter Rühren 1–2 Minuten zusammenfallen lassen. Die Sahne dazugießen und kurz aufkochen lassen. Vom Herd nehmen, Edelpilzkäse und Walnüsse unterrühren, mit reichlich Pfeffer würzen und beiseitestellen.

3 Die Cannellonirollen in kochendem Salzwasser nach Packungsangabe kochen und gut abtropfen lassen. Den Backofen auf 200°C vorheizen und eine ofenfeste Form (23 x 33 cm) mit Olivenöl einfetten. Die Spinatmischung mit den Händen in die Cannelloni füllen und die gefüllten Rollen nebeneinander in die vorbereitete Form legen.

4 Für die Béchamelsauce die Butter in einem kleinen Topf mit schwerem Boden schmelzen. Vom Herd nehmen, die Reisstärke einrühren, dann nach und nach die Milch unterrühren.

5 Den Topf wieder auf den Herd stellen und die Sauce bei mittlerer bis starker Hitze unter ständigem Rühren 2–3 Minuten kochen, bis die Mischung eindickt und zu kochen beginnt. Die Temperatur reduzieren und die Sauce bei schwacher Hitze unter gelegentlichem Rühren 2–3 Minuten weiterköcheln. Den Parmesan hinzufügen und unterrühren, bis er geschmolzen ist. Vom Herd nehmen und kräftig abschmecken.

6 Die Béchamelsauce über die Cannelloni gießen und auf der mittleren Schiene des Ofens 30 Minuten backen, bis die Oberfläche goldbraun ist. Aus dem Ofen nehmen und vor dem Servieren mindestens 5 Minuten abkühlen lassen.

MAKKARONI-KÄSE-AUFLAUF MIT BACON & SELLERIE

Ein Lieblingsessen aus Kindertagen wird hier zu einem raffinierten Gericht. Das erdige Selleriepüree bildet die Basis für die üppige Sahnesauce, die mit Knoblauch und Thymian dezent gewürzt ist.

ZUTATEN

240 ml Milch

240 ml Hühnerbrühe

1 großer Thymianzweig

Salz und frisch gemahlener schwarzer Pfeffer

450 g Knollensellerie, geschält und gewürfelt (geschnitten gewogen)

350 g Quinoamakkaroni

2 El Olivenöl, plus mehr zum Einfetten und zum Schwenken

1 kleine rote Zwiebel, fein gehackt

115 g Bacon, fein gewürfelt

2 Knoblauchzehen, zerdrückt

85 g Fontina, fein gerieben

60 g Sahne

1 EL fein gehackte glatte Petersilie

30 g Parmesan, fein gerieben

30 g Weißbrotbrösel

Für 4–6 Personen // Zeit: 1 Std. 40 Min. *Carbonara sorße*

ZUBEREITUNG

1 Milch und Hühnerbrühe in einem mittelgroßen Topf mit schwerem Boden bei mittlerer Hitze verrühren. Den Thymian dazugeben, mit wenig Salz und reichlich Pfeffer würzen. Die Selleriewürfel hinzufügen und die Flüssigkeit zum Kochen bringen. Dann die Temperatur reduzieren und den Sellerie zugedeckt bei schwacher Hitze 20–30 Minuten kochen, bis er weich ist. Vom Herd nehmen, den Thymianzweig entfernen und den Sellerie zum Abkühlen beiseitestellen.

2 Während der Sellerie gart, die Nudeln nach Packungsangabe in Salzwasser gerade bissfest kochen. In ein Sieb abgießen und unter fließendem kaltem Wasser abspülen. Abtropfen lassen und in 1 Schuss Olivenöl schwenken, damit sie nicht zusammenkleben. Zum Abkühlen beiseitestellen.

3 Das Olivenöl in einer großen Pfanne erhitzen. Die Zwiebel dazugeben und bei mittlerer Hitze 2–3 Minuten anschwitzen, bis sie weich ist, aber nicht bräunt. Den Bacon hinzufügen und 5 Minuten braten, bis er braun und knusprig ist. Die Temperatur reduzieren, den Knoblauch dazugeben und bei schwacher Hitze 1 Minute mitgaren.

4 Wenn der Sellerie abgekühlt ist, in einen Mixer oder eine Küchenmaschine geben, Fontina und Sahne hinzufügen und alles sehr glatt pürieren. Mit Salz und Pfeffer abschmecken und in eine große Schüssel umfüllen. Nudeln, Bacon-Mischung und Petersilie dazugeben und alle Zutaten gut mischen.

5 Den Backofen auf 200 °C vorheizen. Eine ofenfeste Form (23 × 33 cm) mit Olivenöl einfetten und die Sellerie-Nudel-Mischung einfüllen. Parmesan und Weißbrotbrösel in einer kleinen Schüssel mischen und mit Pfeffer würzen. Die Parmesanbrösel auf die Mischung in der Form streuen. Auf der mittleren Schiene des Ofens etwa 30 Minuten backen, bis das Gericht an den Rändern Blasen wirft und die Oberfläche goldbraun und knusprig ist. Aus dem Ofen nehmen und vor dem Servieren mindestens 5 Minuten abkühlen lassen.

NUDELTAUSCH // Quinoamuschelnudeln // Naturreismakkaroni

CREMIGE FONTINA-TRÜFFEL-LASAGNE

Der süße, cremige Fontina und das Trüffelöl machen dieses Rezept zu einer wahren Luxuslasagne. Ein knackiger grüner Salat ergänzt dieses reichhaltige Gericht perfekt mit seiner Frische.

ZUTATEN

2 EL Olivenöl

450 g gemischte Pilze (z. B. Egerlinge, Portobello, Austernpilze, Shiitakepilze), gesäubert, geputzt und grob gewürfelt

1 große Knoblauchzehe, zerdrückt

340 g gegrillte Artischockenhälften (in Öl), abgetropft und grob gewürfelt

2 TL Trüffelöl

Salz und frisch gemahlener schwarzer Pfeffer

1 Portion Spinat-Hirsemehl-Teig (s. S. 30), zu Lasagneplatten geformt (s. S. 48)

Für die Sauce

60 g Butter

60 g Reisstärke

550 ml Milch

140 g Fontina, grob gerieben

Für 6 Personen // Zeit: 1 Std. 20 Min. // glutenfrei // vegetarisch

ZUBEREITUNG

1 Für die Füllung das Olivenöl in einer großen Pfanne stark erhitzen. Die Hälfte der Pilze hineingeben und unter häufigem Wenden 3–4 Minuten braten. Herausnehmen, die zweite Hälfte ebenso braten, dann beide Portionen in der Pfanne mischen. Den Knoblauch hinzufügen und 1 Minute mitbraten.

2 Die Artischocken und das Trüffelöl dazugeben. Mit reichlich Salz und Pfeffer abschmecken, nochmals durchrühren und zum Abkühlen beiseitestellen.

3 Für die Sauce die Butter in einem Topf mit schwerem Boden schmelzen. Vom Herd nehmen und die Reisstärke einrühren. Die Milch nach und nach unterschlagen. Den Topf wieder auf den Herd stellen und unter ständigem Rühren 2–3 Minuten erhitzen, bis die Mischung eindickt und anfängt zu kochen. Die Temperatur reduzieren und und die Sauce bei schwacher Hitze unter gelegentlichem Rühren 2–3 Minuten köcheln lassen. Zwei Drittel des Fontina dazugeben und unter Rühren in der Sauce

schmelzen. Vom Herd nehmen und mit reichlich Salz und Pfeffer abschmecken.

4 Den Backofen auf 200 °C vorheizen. Ein Viertel der Sauce in eine ofenfeste Form (23 × 33 cm) geben, sodass der Boden bedeckt ist. Ein Drittel der Füllung darauf verteilen, diese mit einer Schicht Lasagneplatten bedecken. Darauf wieder ein Viertel der Sauce geben, ein weiteres Drittel der Füllung und eine Schicht Lasagneplatten. Wieder ein Viertel Sauce, dann das letzte Drittel der Pilzmischung und eine letzte Schicht Lasagneplatten darauf verteilen.

5 Die restliche Sauce auf den Lasagneplatten verstreichen und das restliche Drittel des Fontina daraufstreuen. Die Lasagne auf der mittleren Schiene des Ofens 40–50 Minuten backen, bis sie schön gebräunt und durchgegart ist. Herausnehmen und 10–15 Minuten ruhen lassen. Dann portionieren und servieren.

NUDELTAUSCH // Kichererbsenlasagne (s. S. 35) // Naturreislasagne

ZUCCHINI-CANNELLONI MIT ZIEGENKÄSE-FÜLLUNG

Durch das Grillen werden die Zucchinischeiben weich und lassen sich besser aufrollen. Das leichte Grillaroma ergänzt geschmacklich die Zitronen-Käse-Füllung. Servieren Sie einen knackigen grünen Salat dazu.

ZUTATEN

Olivenöl zum Einfetten und zum Servieren

2 dicke Zucchini (à etwa 300 g),
*   geputzt und mit einem Gemüsehobel längs*
*   in 12 dünne Scheiben geschnitten*

60 g Pinienkerne

200 g zimmerwarmer Ziegenfrischkäse

2 EL fein gehacktes Basilikum,
*   plus ganze Blätter zum Garnieren*

abgeriebene Schale von 1 kleinen oder
*   ½ großen Bio-Zitrone*

Salz und frisch gemahlener schwarzer Pfeffer

Für die Käsesauce

15 g Butter

15 g Reisstärke

100 ml Milch

30 g kräftiger Käse, z. B. Cheddar, fein gerieben

Für **4** Personen // Zeit: **55** Min. // **glutenfrei** // **vegetarisch**

ZUBEREITUNG

1 Eine gusseiserne Grillpfanne erhitzen und mit etwas Olivenöl einpinseln. Die Zucchinischeiben auf jeder Seite 1–2 Minuten anbraten, bis sie weich sind und leichte Grillstreifen haben. Gleichzeitig die Pinienkerne in einer beschichteten Pfanne ohne Fett bei mittlerer Hitze unter Rühren 2–3 Minuten goldbraun rösten. Beides zum Abkühlen beiseitestellen. Die abgekühlten Zucchinischeiben mit Küchenpapier trocken tupfen.

2 Ziegenfrischkäse, Basilikum, Zitronenschale und Pinienkerne in einer kleinen Schüssel kräftig miteinander verrühren. Mit reichlich Salz und Pfeffer würzen.

3 Zum Herstellen der Cannelloni eine walnussgroße Portion Ziegenkäsemischung mit einem Löffel auf die Zucchinischeibe geben. Die Käsemischung auf der ganzen Länge der Scheibe verstreichen. Die Zucchinischeibe aufrollen und in eine leicht geölte ofenfeste Form legen. Alle Zucchinischeiben auf diese Weise bestreichen, zusammenrollen und in die Form legen.

4 Den Backofen auf 230 °C vorheizen. Inzwischen für die Käsesauce die Butter in einem kleinen Topf bei mittlerer Hitze schmelzen. Vom Herd nehmen und die Reisstärke einrühren. Die Milch nach und nach unterrühren. Wieder auf den Herd stellen und unter ständigem Rühren zum Kochen bringen, bis die Mischung eindickt. Die Temperatur reduzieren und die Sauce bei schwacher Hitze 2–3 Minuten weiterköcheln lassen. Mit reichlich Salz und Pfeffer abschmecken und den Großteil des geriebenen Käses dazugeben, den Rest zum Bestreuen beiseitestellen. Den Käse unter Rühren in der Sauce schmelzen, dabei, falls nötig, noch etwas Milch unterrühren, damit die Sauce nicht zu dick wird. Vom Herd nehmen.

5 Die Sauce über die Cannelloni gießen und den restlichen geriebenen Käse daraufstreuen. Auf der obersten Schiene des Ofens 15–20 Minuten backen, bis die Oberfläche goldbraun ist und die Cannelloni durchgegart sind. Aus dem Ofen nehmen und 10 Minuten ruhen lassen, bis der Käse fest wird. Mit dem Basilikum und 1 Schuss Olivenöl garniert servieren.

PUTEN-SHIITAKE-TETRAZZINI

Marinierte Putenkeulen verleihen dieser amerikanischen Spezialität ein unver-wechselbares Aroma. Verwenden Sie am besten große Keulen, deren Fleisch beim Garen schön zart und saftig bleibt.

ZUTATEN

225 g Kichererbsenspaghetti

2 EL Olivenöl, plus mehr zum Einfetten und zum Schwenken

1 weiße Zwiebel, fein geschnitten

115 g Shiitakepilze, gesäubert, geputzt und fein geschnitten

2 Knoblauchzehen, zerdrückt

2 EL Butter

2 EL Tapiokamehl

120 ml Weißwein

350 ml Hühnerbrühe

60 g Sahne

2 EL saure Sahne

60 g Parmesan, fein gerieben

1 EL fein gehackte glatte Petersilie

Salz und frisch gemahlener schwarzer Pfeffer

200 g fein zerkleinertes Fleisch von gegarten, marinierten Putenkeulen (TK)

Für das Topping

1 EL fein gehackte glatte Petersilie

30 g frische glutenfreie Weißbrotbrösel

30 g Parmesan, fein gerieben

Für 4–6 Personen // **Zeit: 1 Std. 35 Min.** // **glutenfrei**

ZUBEREITUNG

1 Die Spaghetti in mundgerechte Stücke zerbrechen und nach Packungsangabe in kochendem Salzwasser garen, aber bereits kurz vor Ende der angegebenen Kochzeit in ein Sieb abgießen, unter fließendem kaltem Wasser abspülen und gründlich abtropfen lassen. In 1 Schuss Olivenöl schwenken, damit sie nicht zusammenkleben.

2 Den Backofen auf 200 °C vorheizen und eine ofenfeste Form (23 × 33 cm) mit Olivenöl einfetten. Inzwischen in einer großen beschichteten Pfanne 1 EL Olivenöl erhitzen. Die Zwiebel dazugeben und bei mittlerer Hitze 2–3 Minuten anschwitzen. Die Shiitakepilze und das restliche Olivenöl (1 EL) hinzufügen, alles gut mischen und weitere 5 Minuten braten, bis die Pilze weich werden und beginnen zu bräunen. Den Knoblauch dazugeben und 1 Minute mitgaren. Die Butter hinzufügen und schmelzen lassen.

3 Die Pfanne vom Herd nehmen und das Tapiokamehl auf die Pilzmischung streuen. Gut unterrühren, dann den Wein dazugeben und unterrühren. Die Pfanne wieder auf den Herd stellen und die Hühnerbrühe angießen. Die Mischung zum Kochen bringen, sodass sie eindickt. Die Sahne dazugeben und 1 Minute mitkochen. Vom Herd nehmen und saure Sahne, Parmesan und Petersilie untermischen. Mit Salz und Pfeffer kräftig abschmecken und das gegarte, zerkleinerte Putenfleisch unterheben.

4 Die Spaghetti dazugeben und mit dem Putenfleisch und der Sauce gut vermischen. Das Ganze in die vorbereitete ofenfeste Form füllen.

5 Für das Topping alle Zutaten in einer kleinen Schüssel mischen. Das Nudelgericht damit bestreuen. Im Ofen auf der mittleren Schiene 30 Minuten backen, bis die Ober-fläche goldbraun ist. Herausnehmen und vor dem Servieren 5–10 Minuten abkühlen lassen.

NUDELTAUSCH // Kichererbsenspaghetti (s. S. 35) // Dinkelspaghetti

DEFTIGE FUSILLI MIT GRÜNKOHL & WURST

Die eher rustikalen, erdigen Kichererbsennudeln passen hervorragend zur deftigen Tomatensauce mit Wurstbrät und Grünkohl. Cremiger Mascarpone verbindet die Zutaten und mildert die Schärfe der Chiliflocken.

ZUTATEN

*2 EL Olivenöl, plus mehr zum Einfetten
  und zum Schwenken*

1 kleine Zwiebel, fein gewürfelt

*300 g Wurstbrät von italienischer Wurst
  (oder italienische Bratwürste, Fleisch aus
  der Pelle gedrückt und zerkrümelt)*

2 Knoblauchzehen, zerdrückt

1 Prise Chiliflocken

1 Dose stückige Tomaten (400 g)

frisch gemahlener schwarzer Pfeffer

*60 g Grünkohl, Blätter von den Stielen gezupft
  und fein gehackt*

300 g Kichererbsenfusilli

115 g Mascarpone

Für 4–6 Personen // Zeit: 1 Std. 20 Min. // glutenfrei

ZUBEREITUNG

1 Das Olivenöl in einem mittelgroßen Topf mit schwerem Boden erhitzen. Die Zwiebel dazugeben und bei mittlerer Hitze 2–3 Minuten anschwitzen, bis sie weich ist, aber nicht bräunt. Das Wurstbrät hinzufügen und 3–4 Minuten anbraten, bis es gebräunt ist. Die Temperatur reduzieren, Knoblauch und Chiliflocken unterrühren und bei schwacher Hitze 1 Minute mitgaren.

2 Die stückigen Tomaten hinzufügen und alles mit reichlich Pfeffer würzen. Zum Kochen bringen, dann die Temperatur reduzieren und die Sauce offen bei schwacher Hitze 20 Minuten köcheln lassen, bis sie einkocht und eindickt. Vom Herd nehmen und den Grünkohl unterrühren. Den Deckel auflegen und den Grünkohl zusammenfallen lassen.

3 Den Backofen auf 200 °C vorheizen und eine ofenfeste Form (23 × 33 cm) einfetten. Inzwischen die Nudeln nach Packungsangabe garen, jedoch kurz vor Ende der angegebenen Kochzeit in ein Sieb abgießen, unter fließendem kaltem Wasser abspülen und abtropfen lassen. In 1 Schuss Olivenöl schwenken, damit sie nicht zusammenkleben. In einer großen Schüssel zum Abkühlen beiseitestellen.

4 Die Sauce zu den abgekühlten Nudeln gießen und gut damit vermischen. Den Mascarpone dazugeben und ebenfalls gut unterrühren. Die Nudelmischung in die vorbereitete Auflaufform füllen und auf der mittleren Schiene des Ofens 30 Minuten backen, bis die Oberfläche an manchen Stellen goldbraun ist. Herausnehmen, mindestens 5 Minuten abkühlen lassen und dann servieren.

NUDELTAUSCH // Rote-Linsen-Penne // Quinoafusilli

EINKORN-NUDEL-AUFLAUF MIT PANCETTA & BROKKOLI

Dieser käsehaltige und pikante Auflauf ist köstlich und sättigend zugleich. Verwenden Sie langstieligen Brokkoli oder – falls erhältlich – Wildbrokkoli oder Broccolini.

ZUTATEN

115 g langstieliger Brokkoli, Wildbrokkoli oder Broccolini, in 7,5 cm große Stücke gschnitten

250 g Einkornnudeln, z. B. Fusilli oder andere kleine Nudeln

2 EL Olivenöl, plus mehr zum Einfetten

1 kleine rote Zwiebel, fein gehackt

115 g Pancetta, gewürfelt

1 große Knoblauchzehe, zerdrückt

115 g Frischkäse

115 g Ziegenfrischkäse

2 EL Reisstärke

Salz und frisch gemahlener schwarzer Pfeffer

1 gehäufter EL gehackte glatte Petersilie

Für 4 Personen // Zeit: 50 Min.

ZUBEREITUNG

1 Eine Schüssel mit Eiswasser bereitstellen. Inzwischen Salzwasser in einem großen Topf zum Kochen bringen und den Brokkoli 1 Minute darin blanchieren. Mit einem Schaumlöffel herausheben und in das Eiswasser tauchen. Abtropfen lassen und beiseitestellen.

2 Die Nudeln im gleichen Wasser nach Packungsangabe bissfest kochen. In ein Sieb abgießen, dabei 350 ml Kochwasser auffangen. Die Nudeln mit kaltem Wasser abspülen und zum Abtropfen und Abkühlen beiseitestellen.

3 Den Backofen auf 200 °C vorheizen. Das Olivenöl in einem großen Topf erhitzen. Die Zwiebel dazugeben und bei mittlerer Hitze unter gelegentlichem Rühren 3–5 Minuten anschwitzen, bis sie weich ist, aber nicht bräunt. Die Pancetta hinzufügen und 2–3 Minuten mitbraten, bis sie anfängt knusprig zu werden. Den Knoblauch unterrühren und 1 Minute mitgaren.

4 Frischkäse und Ziegenfrischkäse dazugeben. Die Temperatur reduzieren und den Käse bei schwacher Hitze unter Rühren schmelzen. 240 ml Nudelkochwasser dazugeben und alles gut verrühren. Die Reisstärke darüberstreuen und unterschlagen. Die Temperatur erhöhen und die Sauce unter gelegentlichem Rühren bei mittlerer Hitze weiterkochen, bis sie eindickt. So viel vom restlichen Nudelkochwasser dazugeben, dass die Sauce flüssig genug ist, um sie gießen zu können. Mit Salz und Pfeffer abschmecken.

5 Nudeln, Brokkoli und Petersilie unterrühren. Eine hohe ofenfeste Form (20 × 25 cm) mit etwas Olivenöl einfetten und die Mischung hineingeben. Auf der obersten Schiene des Ofens 15–20 Minuten backen, bis die Oberfläche stellenweise goldbraun ist. Den Auflauf herausnehmen und 5 Minuten ruhen lassen, dann servieren.

NUDELTAUSCH // Naturreisfusilli // Quinoapenne // Buchweizenfarfalle (s. S. 37)

ROGGEN-NUDELN MIT GERÖSTETEM LACHS & FENCHEL

Das Gericht ist inspiriert von einem klassischen Roggensandwich mit geräuchertem Lachs. Der erdige Geschmack der Roggennudeln bildet ein perfektes Gegenstück zum sanften Geschmack des Lachses, der sauren Sahne und dem zitronigen Sumach.

ZUTATEN

200 g Fenchel

1 EL Olivenöl,
  plus mehr zum Einfetten

Salz und frisch gemahlener
  schwarzer Pfeffer

350 g Lachsfilet

250 g Roggennudelspiralen

Für die Sauce

1 EL Butter

1 EL Mehl

240 ml Fischbrühe

60 g Frischkäse

60 g saure Sahne

1 EL fein gehackter Dill,
  plus mehr zum Garnieren

1 TL Sumach

Für 4–6 Personen // Zeit: 1 Std.

ZUBEREITUNG

1 Den Backofen auf 200 °C vorheizen. Ein Backblech mit Backpapier belegen. Den Fenchel putzen, das Fenchelgrün zum Garnieren beiseitelegen und die Knolle halbieren. Jede Hälfte in dünne Scheiben schneiden und mit Olivenöl bestreichen. Auf einer Hälfte des Backblechs verteilen und mit Salz und Pfeffer würzen.

2 Den Lachs mit Salz und Pfeffer würzen und auf die andere Hälfte des Backblechs legen. Auf der oberste Schiene des Ofens 10–12 Minuten backen, bis der Lachs durchgegart ist und der Fenchel weich geworden ist. Aus dem Ofen nehmen und etwas abkühlen lassen. Den Lachs mit einer Gabel in mundgerechte Stücke teilen, dabei die Haut entfernen und wegwerfen. Fenchel und Lachs beiseitestellen und die Backofentemperatur auf 220 °C erhöhen.

3 Inzwischen die Nudeln nach Packungsangabe bissfest kochen. In ein Sieb abgießen und unter fließendem kaltem Wasser abspülen. Zum Abkühlen beiseitestellen.

4 Für die Sauce die Butter in einem mittelgroßen Topf mit schwerem Boden schmelzen. Vom Herd nehmen und das Mehl einrühren. Nach und nach die Fischbrühe unterrühren und den Topf wieder auf den Herd stellen. Unter ständigem Rühren zum Kochen bringen, bis die Sauce eindickt und Blasen wirft. Den Frischkäse unterrühren und den Topf vom Herd nehmen. Saure Sahne, Dill und ½ TL Sumach unterrühren. Mit reichlich Salz und Pfeffer abschmecken.

5 Nudeln, Lachs, Fenchel und die Sauce im Topf mischen. Eine große, flache, ofenfeste Form einfetten und die Mischung hineingeben. Mit dem restlichen Sumach (½ TL) bestreuen. Auf der mittleren Schiene des Ofens 15–20 Minuten backen, bis die Oberfläche stellenweise goldbraun ist. Herausnehmen und 5 Minuten abkühlen lassen. Mit dem gehackten Dill und dem Fenchelgrün garnieren und servieren.

NUDELTAUSCH // Vollkornfusilli // Einkornpenne // Dinkel-Kastanien-Orecchiette (s. S. 42)

SPÄTZLE-GRATIN MIT PANCETTA

Dieses herrlich sahnige Gericht ist Seelenfutter pur. Selbst gemachte Spätzle werden mit herzhafter Käsesauce gemischt und gegrillt, bis sie bräunen und brodeln. Servieren Sie zu diesem üppigen Essen einen knackigen grünen Salat.

ZUTATEN

2 EL Olivenöl, plus mehr zum Einfetten
1 kleine rote Zwiebel, fein gehackt
115 g Pancetta, gewürfelt
60 g Sahne
115 g Greyerzer, fein gerieben
Salz und frisch gemahlener schwarzer Pfeffer

Für den Spätzleteig

175 g Dinkelmehl
175 g Weizenmehl
1 TL Salz
1 TL Backpulver
3 Eier
180–240 ml Milch

Für **4 Personen** // **Zeit: 55 Min.**

ZUBEREITUNG

1 Für den Spätzleteig Dinkelmehl, Weizenmehl, Salz und Backpulver in einer großen Schüssel mischen. Die Eier und 180 ml Milch dazugeben und alle Zutaten zu einem sehr dicken Teig verschlagen. Falls nötig, die restliche Milch (60 ml) esslöffelweise dazugeben und kräftig unterschlagen, bis der Teig Blasen wirft. Die Spätzle nach dem Rezept auf Seite 60 garen und abkühlen lassen.

2 Das Olivenöl in einer großen beschichteten Pfanne erhitzen. Die Zwiebel dazugeben und bei mittlerer Hitze 5–8 Minuten anschwitzen, bis sie weich ist, aber nicht bräunt. Die Pancetta hinzufügen und unter gelegentlichem Rühren 5–7 Minuten mitbraten, bis sie knusprig ist. Vom Herd nehmen.

3 Den Backofengrill einschalten. Eine große ofenfeste Form (23 × 33 cm) einfetten. Die Pancetta-Zwiebel-Mischung zu den Spätzle geben, die Sahne und den Großteil des Greyerzer ebenfalls hinzufügen. Mit Salz und Pfeffer abschmecken und alle Zutaten vorsichtig vermischen. In die ofenfeste Form geben und mit dem restlichen Greyerzer bestreuen. Auf der mittleren Schiene des Ofens bei großer Hitze überbacken, bis das Gratin heiß ist, Blasen wirft und die Oberfläche knusprig ist. Herausnehmen und sofort servieren.

SIZILIANISCHE NUDELN MIT BURRATA & SARDELLEN

Eine einfache Tomatensauce wird mit salzigen Sardellen, würzigen Oliven und Kapern aromatisch aufgepeppt. Üppig cremiger Burrata-Käse schafft einen geschmacklichen Ausgleich.

ZUTATEN

2 EL Olivenöl, plus mehr zum Einfetten und Schwenken

1 weiße Zwiebel, fein gehackt

2 Knoblauchzehen, zerdrückt

1 Dose Sardellen (50 g), grob zerkleinert, plus das Einlegeöl

2 Dosen stückige Tomaten (à 400 g)

Salz und frisch gemahlener schwarzer Pfeffer

300 g Kichererbsen-Fusilli

16 schwarze Oliven, entsteint und grob gehackt

1 ½ EL Kapern, abgespült und trocken getupft

2 EL grob gehackte Basilikumblätter

115 g Burrata, in grobe Stücke gezupft

Für 4 Personen // Zeit: 1 Std. 20 Min. // glutenfrei

ZUBEREITUNG

1 Das Olivenöl in einem mittelgroßen Topf mit schwerem Boden erhitzen. Die Zwiebel dazugeben und bei mittlerer Hitze 5 Minuten anschwitzen, bis sie weich ist, aber nicht bräunt. Den Knoblauch hinzufügen und 1 Minute mit anschwitzen, dann die Sardellen mit dem Einlegeöl dazugeben und unterrühren, bis sie in Stücke zerfallen.

2 Die stückigen Tomaten und ewas Pfeffer dazugeben und alles zum Kochen bringen. Die Temperatur reduzieren und die Sauce offen bei schwacher Hitze 30 Minuten köcheln lassen, bis sie einkocht und eindickt.

3 Inzwischen die Nudeln nach Packungsangabe bissfest kochen. In ein Sieb abgießen, unter fließendem kaltem Wasser abspülen und abtropfen lassen. In 1 Schuss Olivenöl schwenken, damit sie nicht zusammenkleben. In eine große Schüssel umfüllen und zum Abkühlen beiseitestellen.

4 Den Backofen auf 200 °C vorheizen und eine ofenfeste Form (23 x 33 cm) mit Olivenöl einfetten. Die Tomatensauce vom Herd nehmen und Oliven, Kapern, Basilikum und Burrata einrühren. Mit reichlich Pfeffer und wenig Salz würzen. Mit den abgekühlten Nudeln mischen und das Ganze in die vorbereitete Form füllen, dabei darauf achten, dass die Burrata gleichmäßig verteilt ist. Den Auflauf auf der mittleren Schiene des Ofens 25–30 Minuten backen, bis er knusprig und die Oberfläche goldbraun ist. Herausnehmen, 5 Minuten abkühlen lassen und dann servieren.

NUDELTAUSCH // Rote-Linsen-Fusilli // Grüne-Linsen-Penne

LAMM-SCHAFSKÄSE-PASTITSIO

Diesen Klassiker aus Griechenland servieren Sie am besten bei Zimmertemperatur, denn er behält auch abgekühlt seine Form. Ein knackiger grüner Salat ist die perfekte Ergänzung dazu.

ZUTATEN

450 g Naturreis-Penne

115 g Feta, fein zerkrümelt

2 Eiweiß, schaumig geschlagen (Eigelb für die Béchamel beiseitestellen)

Salz und frisch gemahlener schwarzer Pfeffer

Für die Lammsauce

2 EL Olivenöl, plus mehr zum Einfetten

1 kleine Zwiebel, fein gewürfelt

1 Stange Staudensellerie, geputzt und fein gewürfelt

1 Möhre, geschält und fein gewürfelt

450 g Lammhackfleisch

2 Knoblauchzehen, zerdrückt

120 ml Rotwein

120 ml Rinderbrühe

1 Dose stückige Tomaten (400 g)

½ TL getrocknete Minze

1 Msp. Zimtpulver

Für die Béchamelsauce

30 g Butter, plus mehr zum Einfetten

30 g Reisstärke

500 ml Milch

1 Prise frisch geriebene Muskatnuss

Für **6 Personen** // Zeit: 1 Std. 30 Min. // **glutenfrei**

ZUBEREITUNG

1 Salzwasser in einem mittelgroßen Topf zum Kochen bringen. Die Nudeln darin 3–4 Minuten kürzer kochen, als auf der Packung angegeben ist, sodass sie noch sehr bissfest sind. In ein Sieb abgießen und unter fließendem kaltem Wasser abspülen. Die Nudeln in eine mittelgroße Schüssel umfüllen und abkühlen lassen.

2 Für die Lammsauce das Olivenöl im gleichen Topf erhitzen. Zwiebel, Sellerie und Möhre dazugeben und bei mittlerer Hitze 3–4 Minuten anschwitzen, bis sie weich sind, aber nicht bräunen. Das Lammhackfleisch hinzufügen und die Temperatur erhöhen. Das Hackfleisch bei starker Hitze unter häufigem Rühren braun anbraten. Den Knoblauch dazugeben und 1 Minute mitgaren.

3 Wein, Rinderbrühe, Tomaten, Minze und Zimt hinzufügen. Mit reichlich Salz und Pfeffer würzen und einmal aufkochen lassen. Die Temperatur wieder reduzieren und die Sauce offen 30 Minuten köcheln lassen, bis sie einkocht und eindickt.

4 Den Feta und die schaumigen Eiweiße unter die abgekühlten Nudeln rühren. Mit Salz und Pfeffer würzen.

5 Für die Béchamelsauce die Butter bei mittlerer Hitze in einem kleinen Topf mit schwerem Boden schmelzen. Vom Herd nehmen und die Reisstärke einrühren. Die Milch nach und nach unterschlagen.

6 Wieder auf den Herd stellen und unter ständigem Rühren 2–3 Minuten kochen, bis die Mischung eindickt und anfängt zu kochen. Die Hitze reduzieren und die Sauce bei schwacher Hitze 2–3 Minuten weiterköcheln. Mit Salz, Pfeffer und Muskatnuss würzen. Vom Herd nehmen und die Eigelbe unterrühren.

7 Den Backofen auf 200 °C vorheizen. Eine hohe ofenfeste Form (23 x 33 cm) einfetten. Zuerst die Hälfte der Nudelmischung darin verteilen und etwas andrücken. Die Lammsauce gleichmäßig darauf verteilen. Die restliche Nudelmischung daraufgeben und nochmals etwas andrücken. Die Béchamelsauce darübergießen.

8 Auf der mittleren Schiene des Ofens 35–45 Minuten backen, bis der Auflauf durchgegart und die Oberfläche schön gebräunt ist. Aus dem Ofen nehmen und vor dem Servieren 30 Minuten abkühlen lassen.

NUDELTAUSCH // Quinoapenne // Einkornpenne

SÜSS-KARTOFFEL-ROSMARIN-KUGEL

Das Besondere an diesem traditionellen jüdischen Nudelauflauf ist, dass er mit Süßkartoffelspiralen anstelle von Eiernudeln gemacht wird. Er schmeckt warm oder bei Zimmertemperatur und lässt sich auch gut aufwärmen.

ZUTATEN

2 EL Olivenöl

1 EL Butter

1 große weiße Zwiebel, fein geschnitten

3 Eier

1 EL fein gehackter Rosmarin

Salz und frisch gemahlener schwarzer Pfeffer

900 g Süßkartoffeln, geschält und in Spiralen geschnitten

2 EL Tapiokamehl

Für 4–6 Personen // Zeit: 1 Std. 25 Min. // glutenfrei // vegetarisch

ZUBEREITUNG

1 Den Backofen auf 180 °C vorheizen. Inzwischen Olivenöl und Butter in einer ofenfesten Pfanne erhitzen. Die Zwiebel dazugeben und bei mittlerer Hitze 5 Minuten anschwitzen, bis sie weich ist, aber nicht bräunt. Die Pfanne vom Herd nehmen und beiseitestellen.

2 Die Eier in einer großen Schüssel mit einem Schneebesen gut verquirlen. Den Rosmarin dazugeben und die Eier mit Salz und Pfeffer würzen. Süßkartoffelspiralen und Zwiebel dazugeben und alle Zutaten gut mischen. Das Tapiokamehl darüberstreuen und alles nochmals gut durchrühren.

3 Die Mischung in die ofenfeste Pfanne geben und gut zusammendrücken. Auf der obersten Schiene des Ofens 1 Stunde backen, bis die Süßkartoffeln oben goldbraun sind und sich leicht mit einer Messerspitze einstechen lassen.

4 Den Auflauf aus dem Ofen nehmen und mindestens 5 Minuten ruhen lassen. Dann auf einen Teller stürzen und zum Servieren in Spalten schneiden.

LINSEN-LASAGNE MIT GERÖSTETEM GEMÜSE

Zugegeben, die Vorbereitung dieses Gerichts dauert etwas, aber die meiste Zeit muss man gar nichts tun. Die Vorbereitungszeit lässt sich aber verkürzen, indem Sie das Gemüse vorab rösten und bis zur Verwendung kühl stellen.

ZUTATEN

1 Aubergine (etwa 450 g), gewürfelt
1 rote Paprikaschote, gewürfelt
1 gelbe Paprikaschote, gewürfelt
4 EL Olivenöl
Salz und frisch gemahlener schwarzer Pfeffer
1 kleine Zucchini, gewürfelt
1 kleine rote Zwiebel, gewürfelt
450 g Kirschtomaten, halbiert
2 Knoblauchzehen, zerdrückt
225 g Grüne-Linsen-Lasagneplatten (ohne Vorkochen)

Für die Béchamelsauce

3 EL Butter
45 g Reisstärke
500 ml Milch
3 EL fein geriebener Parmesan

Für 4 Personen // Zeit: 2 Std. 20 Min. // glutenfrei

ZUBEREITUNG

1 Den Backofen auf 220 °C vorheizen. Inzwischen auf einem tiefen Backblech Auberginen- und Paprikaschotenwürfel mit dem Olivenöl vermischen, mit Salz und Pfeffer würzen und gleichmäßig verteilen. Im Ofen 20 Minuten rösten.

2 Zucchini, rote Zwiebel, Kirschtomaten und Knoblauch dazugeben und mit den Paprika- und Auberginenwürfeln vermischen. Wieder in den Ofen geben und 25–30 Minuten rösten, bis das Gemüse weich ist und an den Rändern bräunt. Aus dem Ofen nehmen und zum Abkühlen beiseitestellen. Die Ofentemperatur auf 200 °C reduzieren.

3 Für die Béchamelsauce die Butter in einem kleinen Topf mit schwerem Boden schmelzen. Vom Herd nehmen und die Reisstärke einrühren. Dann nach und nach die Milch unterschlagen. Den Topf wieder auf den Herd stellen und die Sauce unter ständigem Rühren 2–3 Minuten köcheln, bis sie eindickt und beginnt zu kochen. Die Temperatur reduzieren und die Sauce bei schwacher Hitze unter gelegentlichem Rühren 2–3 Minuten weiterköcheln. Den Parmesan dazugeben und unter Rühren in der Sauce schmelzen. Den Topf vom Herd nehmen und die Sauce mit Salz und Pfeffer würzen.

4 Ein Viertel der Sauce in eine ofenfeste Form (23 × 33 cm) gießen und auf dem Boden verteilen. Ein Drittel der Gemüsemischung gleichmäßig auf der Sauce verteilen und eine Schicht Lasagneplatten darauflegen. Mit einem Viertel der Sauce begießen, darauf ein weiteres Drittel der Gemüsemischung geben und mit einer Schicht Lasagneplatten belegen. Darauf die Hälfte der restlichen Sauce geben, das restliche Gemüse darauf verteilen und eine letzte Schicht Lasagneplatten darauflegen. Die Lasagneplatten mit der restlichen Sauce bedecken.

5 Die Lasagne mit Alufolie abdecken und auf der mittleren Schiene des Ofens 30 Minuten backen. Die Folie abnehmen und die Lasagne weitere 10–15 Minuten backen, bis die Oberfläche schön gebräunt ist und die Zutaten durchgegart sind. Das Gericht aus dem Ofen nehmen und vor dem Servieren 5–10 Minuten ruhen lassen.

NUDELTAUSCH // Spinat-Hirse-Lasagne (s. S. 30) // Naturreislasagne

NUDELSORTEN AUSTAUSCHEN & ERSETZEN

Wenn Sie die Nudelsorte, die in einem Rezept angegeben ist, nicht bekommen oder nicht selbst Nudelteig machen wollen, können Sie einfach eine andere Sorte nehmen.

FRISCHE NUDELTEIGE GEGENEINANDER AUSTAUSCHEN

Alle Nudelteigrezepte in diesem Buch ergeben etwa die gleiche Menge, darum kann ein Teig theoretisch gegen jeden anderen ausgetauscht werden. Aber es ist wichtig, dabei den Geschmack und die Konsistenz zu bedenken. Ein kräftiger Teig mit einem intensiven Geschmack, wie beispielsweise aus Buchweizenmehl, ist in einem Rezept, das auf einen leichten, milden Teig setzt, wie etwa Mandel-Tapiokamehl-Teig, nicht wirklich ein guter Ersatz.

FRISCHE DURCH GETROCKNETE NUDELN ERSETZEN

Die Mengen bei selbst gemachtem Nudelteig können variieren, aber eine ungefähre Richtlinie für den Austausch lässt sich angeben: Eine Portion selbst gemachter Teig kann durch 300–350 g abgepackte, getrocknete Nudeln ersetzt werden. Dieses Mengenverhältnis lässt sich auch zugrunde legen, wenn Sie selbst gemachte Nudeln anstelle von gekauften verwenden möchten.

NUDELN DURCH GEMÜSENUDELN ERSETZEN

Klassische Nudeln durch Gemüsenudeln zu ersetzen gelingt am besten in solchen Rezepten, in denen die Sauce mit den Nudeln vermischt wird. Der schöne Nebeneffekt bei diesem Tausch ist, dass Sie mit Gemüsenudeln den Kohlenhydratgehalt des Gerichts reduzieren und den Nährwert gleichzeitig erhöhen. Für überbackene Nudelgerichte und Nudelsuppen eignen sich Gemüsenudeln nicht, weil sie schnell zu weich und matschig werden.

GETROCKNETE NUDELN GEGENEINANDER AUSTAUSCHEN

Es gibt unendlich viele Alternativen zu klassischen Nudeln, einige sind problemlos erhältlich, bei anderen kann es schwieriger werden. Wenn Sie eine bestimmte Sorte getrocknete Nudeln nicht finden, tauschen Sie sie einfach gegen die gleiche Menge einer anderen Sorte aus. Damit das Rezept optimal gelingt, sollten Sie einen Ersatz suchen, der von Form, Geschmack und Konsistenz ähnlich ist.

GEKAUFTE NUDELN & ALTERNATIVEN

Immer mehr neuartige Nudelsorten kommen in unsere Läden. Abgepackte Nudeln bieten eine einfache Möglichkeit, um ein gesundes Essen zuzubereiten. Nicht immer und überall werden Sie genau die Nudelsorte bekommen, die im Rezept aufgeführt ist. Vielleicht möchten Sie aber auch nur einmal eine neue Sorte ausprobieren. In der folgenden Tabelle finden Sie Vorschläge für alternative Nudelsorten, die von ähnlichem Geschmack und vergleichbarer Konsistenz sind. Am besten auch eine vergleichbare Form auswählen, dann gelingen die Rezepte garantiert.

Nudelsorte	Alternative
Schwarze-Bohnen-Nudeln	Rote-Linsen-Nudeln
Naturreisnudeln	Quinoanudeln
Buchweizennudeln	Dinkelnudeln, Einkornnudeln
Kichererbsennudeln	Naturreisnudeln
Maismehlnudeln	Quinoanudeln, Hirsenudeln
Edamame-Nudeln	Grüne-Linsen-Nudeln
Einkornnudeln	Naturreisnudeln, Buchweizennudeln
Glasnudeln (auch Zellophannudeln oder Mungobohnennudeln genannt)	dünne Reisnudeln, Kelp-Nudeln
Grüne-Linsen-Nudeln	Rote-Linsen-Nudeln
Kelp-Nudeln	Glasnudeln, Shirataki-Nudeln
Hirsenudeln	Kichererbsennudeln, Quinoanudeln, Naturreisnudeln
Quinoanudeln	Maismehlnudeln
dünne Reisnudeln	Shirataki-Nudeln, Süßkartoffel-Vermicelli
Roggennudeln	Einkornnudeln, Dinkelnudeln
Shiratiki-Nudeln	Kelp-Nudeln, dünne Reisnudeln
Süßkartoffel-Vermicelli	dünne Reisnudeln

REGISTER

ignored

DK UK / DK US

Lektorat Ann Barton, Rosamund Cox, Claire Cross, Alexandra Elliott, Stephanie Farrow, Kate Meeker, Mike Sanders, Amy Slack

Gestaltung und Bildredaktion Glenda Fisher, Christine Keilty, Hannah Moore

Umschlaggestaltung Steven Marsden

Herstellung Sonia Charbonnier, Jude Crozier, Robert Dunn

Fotos Charlotte Tolhurst

Requisite Rob Merrett

Foodstyling Maud Eden

Für die deutsche Ausgabe:

Programmleitung Monika Schlitzer

Redaktionsleitung Caren Hummel

Projektbetreuung Jessica Kleppel

Herstellungsleitung Dorothee Whittaker

Herstellungskoordination Claudia Rode

Herstellung Verena Marquart

Titel der englischen Originalausgabe:
Pasta reinvented

© Dorling Kindersley Limited, London, 2018
Ein Unternehmen der Penguin Random House Group

© der deutschsprachigen Ausgabe by
Dorling Kindersley Verlag GmbH, München, 2018
Ein Unternehmen der Penguin Random House Group
Alle deutschsprachigen Rechte vorbehalten

Übersetzung Katharina Lisson
Lektorat Cordula Setsman

ISBN 978-3-8310-3590-8

Druck und Bindung Leo Paper Products, China

www.dorlingkindersley.de

ÜBER DIE AUTORIN

Die Britin Caroline Bretherton folgt seit über 20 Jahren ihrer Passion fürs Kochen. Sie führte ein erfolgreiches Cateringunternehmen und ein Café im Herzen Londons und hat schon mehrere Kochbücher veröffentlicht, die in die verschiedensten Sprachen übersetzt wurden. Inzwischen lebt sie mit ihrer Familie in den USA.

DANK DER AUTORIN

Ich möchte allen bei DK danken, die mitgeholfen haben, ein Buch zu entwickeln, das gleichzeitig eines der anspruchsvollsten und beglückendsten Werke ist, die ich jemals schreiben durfte. Mein besonderer Dank geht an Ann Barton und Alexandra Elliott für ihre unermüdliche Arbeit und Ermutigung. An meinen Mann Luke, der vergnügt eine Schüssel Nudeln nach der anderen verspeist hat, ohne dass seine Begeisterung erkennbar nachgelassen hätte; außerdem danke ich meinen zwei Söhnen Gabriel und Isaak, die meistens weit über ihr Wohlgefühl hinaus gegessen und dabei einige wunderbare neue Gerichte entdeckt haben.

BACKOFENHINWEIS

Soweit nicht anders angegeben, beziehen sich die Temperaturen für den Ofen auf Ober- und Unterhitze. Bei Umluft verringert sich die Temperatur. Beachten Sie hierzu gegebenenfalls auch die Angaben des Herstellers.